手話奉仕員養成テキスト

JN063248

手話を学ぼう
手話で話そう

手話奉仕員養成テキスト
手話を学ぼう 手話で話そう

も く じ

コラム

はじめに

はじめて手話を学ぶあなたに

●手話言語の世界にようこそ！

手話言語は手の形、位置、動きに加えて表情や強弱などで表し、「目」で見て理解することばです。

このテキストは、手話言語で伝え合う楽しさを知り、ろう者と手話言語で日常会話ができるようになることを目標にしています。

なお、厚生労働省による障害者総合支援法の地域生活支援事業において使用されている「手話奉仕員」の表記に従い、実技編では「手話」という語句を使います。「手話言語」と同じ意味で読んでください。言語としての面について述べる場合は「手話言語」と表記します。

●テキストの概要

このテキストは、厚生労働省策定手話奉仕員養成カリキュラムに準じています。

養成目標は「聴覚障害、聴覚障害者の生活及び関連する法律・制度等についての理解と認識を深めるとともに、コミュニケーションにおいて活用できる基礎的な手話の技能を身に付ける」としています。

実技は下表のように入門編と基礎編に分けています。全40講座で構成し、手話との出会いからろう者と日常会話が円滑にできるまでを4段階に分けて発展的に学べるようにしています。

また、講義は全6講義で構成したテキスト（別冊）があります。

入門編	あいさつや自己紹介ができ、簡単な会話ができることを目指します。	手話との出会い	1～10講座	手話言語の基礎を学びます。手話を見ることに慣れ、自己紹介の表現と、手話での簡単な会話ができることを目指します。
		語彙を増やそう	11～20講座	時の表現、疑問文の表現を学び、暮らしの中のさまざまな場面、話題を設定し会話を広げていきます。
基礎編	手話の基本文法の学習に入ります。ろう者と日常的な会話ができることを目指します。	文法を学ぼう	21～30講座	具体的表現、「誰が」「誰に」を分かりやすく、位置と方向、空間活用、役割の切り替えなどの基本文法を学びます。
		会話の力を高めよう	31～40講座	会話をより楽しく広げていく工夫を学び、ろう者を取り巻くさまざまな話題について総合練習をします。

●実技　各講座の構成

講座のテーマ

この講座で学ぶこと、目標
この講座で学ぶことを示しています。目標が達成できるよう意識して学習を進めましょう。

動画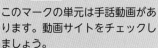
このマークの単元は手話動画があります。動画サイトをチェックしましょう。
動画のモデルはろう者です。全員右利きの表現です。

第1講座　目で見ることばを使ってみましょう

●手話表現の基本を知りましょう
●手話でのあいさつや場面に応じたあいさつを学びましょう
●手話講習会での注意事項を知りましょう

学ぶこと　手話表現の基本

手話は「手や身体」で表し、「目」で見て理解することです。手話動画のモデルや手話講習会での講師の表現を参考にして、手話を見るポイント、手話表現の基本を学びましょう。

講のあたりを中心に全体を見るようにしましょう

●手を見る
・手話の単語は、基本的に「手の形」・「手の位置」・「手の動き」の組み合わせで構成されています。
・手話単語の方向・速度・強弱を変えたり、視線・顔の表情・体の動きを組み合わせることで文を作りますので、右図のように「手話を表す範囲」に注意されて見ることが大切です。

●手の形・手の位置・手の動き

①「グー」の形を用いた手話単語

手話	手の形	手の位置	手の動き
良い		鼻の前	とめる
病気	手をにぎる（グー）	おでこ	おでこに軽く2回当てる
元気		胸の前	同時に2回下方向へ動かす

②「人さし指」の形を用いた手話単語

手話	手の形	手の位置	手の動き
思う		こめかみ	こめかみにあてる
考える	人さし指を立てる	こめかみ	こめかみにあてて人さし指をひねる
遊ぶ		顔の横	交互に前後に動かす

基本文　あいさつをしましょう

あいさつは出会いの基本です。

おはよう（朝）　こんにちは（昼）　こんばんは（夜）

❶ Ⓐ / おはよう /
　おはよう。
　Ⓑ / おはよう // 天気　良い /
　おはよう。いい天気ですね。

❷ Ⓐ / 暑い /
　暑いね。
　Ⓑ /（うなずき）暑い /
　うん、暑い。

❸ Ⓐ / こんばんは /
　こんばんは。
　Ⓑ / こんばんは /
　こんばんは。
　Ⓐ / 暑い /
　暑いですね。
　Ⓑ /（首振り）/ 涼しい /
　いいえ、涼しいです。

＊ ポイント ＊
うなずきと首振り
質問に対して、「はい」か「いいえ」をうなずきや首振りで答えます。

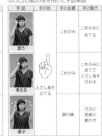

はい（うなずき）　　いいえ（首振り）

この講座で学ぶこと、目標

学ぶこと
この講座で身につけてほしいことを手話の写真やイラストを使って説明しています。

基本文・応用文
この講座で身につけてほしい内容を盛り込んだ、動画教材です。2人の会話または1人語りです。

やってみましょう
講習会での実践を想定した学習例です。

指文字トライ
第2講座から第10講座まで、指文字の練習を入れています。

単語
この講座で学ぶ基本的な単語です。入門編では、基本文や応用文の動画にない単語を掲載しています。

ホームワーク
講座が終わった後に復習として取り組みましょう。動画サイト上で解答し、その場で答えを確認できます。

コラム
ろう者の生活に関する情報や手話の豆知識などを紹介しています。

応用文　場面に応じたあいさつ

友達に対しての手話と目上の人に対しての手話の表現は違います。それぞれの場面に合った表現ができるように、どんな違いがあるのか学びましょう。

❶ 友達に会ったとき
Ⓐ / やあ　久しぶり　元気？ /
　やあ、久しぶり！元気？
Ⓑ / やあ　久しぶり
　（うなずき）元気 /
　久しぶり、元気よ。

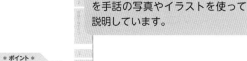

親しい友達などにあいさつするとき

❷ 目上の人に会ったとき
Ⓐ / おはよう /
　おはようございます。
Ⓑ / やあ /
　やあ！
Ⓐ / よろしく /
　よろしくお願いします。

❸ 初対面の人に会ったとき
Ⓐ / はじめまして /
　はじめまして。
Ⓑ / はじめまして /
　はじめまして。
Ⓐ / よろしく /
　よろしくお願いします。
Ⓑ / よろしく /
　よろしくお願いします。

＊ ポイント ＊
元気という単語に、たずねる表情をつけると「元気ですか？」という意味になります。

元気？　　　　（うなずき）元気
元気ですか？　　はい、元気です。

＊ ポイント ＊
目上の人にはお辞儀と一緒に丁寧な表現をします。

ろう者の呼びかけ方
ろうを呼んだり、話をするときは、軽く肩を叩いたり、手を振って相手に知らせ、目を合わせてから話しかけましょう。

肩を軽く叩く　　　手を振る

やってみましょう

●手話で表す…まねてみましょう

まずは講師の手の形を見て、まねてみましょう。
手の形だけの表現に慣れたら、次は手の位置や動きにも注意してまねてみましょう。

①「4指を閉じたパー」の形を用いた手話単語をまねてみましょう。

（例）山　分かる　本

②手の形は同じで、位置や動きが異なる手話単語をまねてみましょう。

（例）聞く　言う　黄色　なるほど

●手話講習会での注意事項を知りましょう

10ページにある「手話講習会でのお願い」を確認し、「手話を覚えましょう」を参考に、講習会での注意事項を学びましょう。

単語一覧
手話　こんにちは　やあ　ありがとう　すみません　気をつけて
お疲れ様　冬（寒い）　春（暖かい）　同じ　今日　会う
うれしい　雨　曇り

ホームワーク ▶
動画サイトのホームワークに取り組み、理解度を確認しましょう

手話は右手？左手？ コラム
初めて手話を体験していかがでしたか。右利きの人は、右手中心に手を動かしますが、左利きの人は、左手中心に表現すればスムーズかもしれません。どちらで表現しても大丈夫です。まずは覚えた手話を使ってたくさん会話してください。それが何よりの上達方法です。覚えていくのは大変と思うこともあるかもしれませんが、会話が弾むと楽しいです。単語と単語のつながりのテンポや間（ま）にも気をつけて一緒にまねてみましょう。手話という言語を楽しみながら学んでいってください。

 名前（右利き）
 名前（左利き）

●手話言語の基本文法

　皆さんが学ぶ手話言語は、日本語とは別の文法体系を持つ言語です。手話言語と日本語は別の言語であることを意識して学びましょう。「手話言語の基本文法」は、厚生労働省策定手話奉仕員養成カリキュラムに基づいています。主なものは下記の通りです。

①表情や強弱　　　　　　　　　　　　⑥空間の活用（位置、方向）
②具体的表現（形や動作のCL表現）　　⑦代理的表現
③繰り返しの表現　　　　　　　　　　⑧指さしの活用
④「誰が」「誰に」の表現（動きの方向の変化）　⑨役割の切り替え（ロールシフト）
⑤同時表現（両手の活用）

　このテキストでは、基本文法をより分かりやすく学ぶために、入門編から初歩的な文法活用を取り入れ、発展的に各講座で学べるように工夫しています。

●手話ラベル文

　手話での会話を学びやすくするため、日本語の文と手話の文を併記しています。手話の文は、手話単語を並べて表記し、このテキストでは「手話ラベル文」と呼ぶことにします。

例　Ⓐ　/ おはよう /　　　　手話ラベル文（手話単語を並べて表記）
　　　　おはよう。　　　　　日本語の文

朝、起きる（目覚め等）、起床、
おはよう（挨拶語）

五級

こめかみにあてた右手拳を下ろすと同時に頭をおこす

　　Ⓑ　/ おはよう // 天気　良い /
　　　　おはよう。いい天気ですね。

　右上図の手話イラストのように、1つの手話単語に対し日本語の意味が複数ある場合があります。このテキストでは『わたしたちの手話学習辞典』に掲載されている日本語を手話ラベル文に使用しています。（上の例では、＜おはよう＞を選択してテキストに掲載）

例　Ⓐ　/ 最近　pt1　悩み　ある /
　　　　/ pt1　息子　反抗　大きい＋＋ /
　　　　/ 学校　pt3　悩み　いろいろ　❶話す　希望　pt1 /

/○○○　○○/　　　手話ラベルでは、文のはじめと終わりに/を入れて1つの文にしています。

pt1　pt2　pt3　　　指さし（ポインティング）の略称で、pt1は私、pt2はあなた、pt3は第3者
　　　　　　　　　　等をさします。

大きい＋＋　　　　　＋＋ は、＜大きい＞という手話を繰り返し表現することを意味します。

❶話す　希望　pt1　下線と背景色付きの文は、その動画の学んでほしいポイントです。

例　Ⓐ　/ 350　円 /
　　　　Ⓑ　/（反応）安い！ /

（反応）　　　　　　前の会話に反応した表情等を意味します。

●手話単語

　このテキストと動画サイト（後述）で使用している手話単語は「標準手話」です。昭和時代にろう者の活動や手話サークルなどで手話を学ぶ人たちの活動が全国的に広がってくると、標準手話の整備が必要となりました。そのため全日本ろうあ連盟は1969（昭和44）年に標準手話の単語集『わたしたちの手話(1)』を発行しました。この時に設けられた「手話法研究委員会」が「全日本ろうあ連盟日本手話研究所」となりました。日本手話研究所は、2006（平成18）年に全国手話研修センターに移管されました（現　手話言語研究所）。手話言語の歴史の詳細は講義テキストに掲載しています。

『新しい手話
2022/2023』　『わたしたちの手話
学習辞典I』

〈標準手話〉

　社会福祉法人全国手話研修センター手話言語研究所が厚生労働省の委託事業「手話研究・普及等事業」を受け、毎年約300語の標準手話（新しい手話含む）を確定、公表しています。2007（平成19）年9月以降に確定した手話は、「新しい手話の動画サイト」で見ることができます。また、全日本ろうあ連盟から毎年『新しい手話』シリーズ本が発行されています。

新しい手話の動画サイト

〈地域の手話〉

　音声言語に方言があるように、皆さんがお住まいの地域にいるろう者たちが代々受け継いでいる手話があります。その地域のろう者にとって、ろう学校等での成長と交流、地域での生活と密着した大切な手話です。テキストに掲載している手話と異なっているかもしれません。ぜひ講師から、地域独特の手話も学び、地域のろう者と豊かな交流ができるようになっていただきたいと思います。

●画像の記号

　画像には手話の動きを表す記号を表記しています。実際の動きについては講師の手話や動画で確認してください。

| 横または縦の動きの方向 | 前後の動きの方向 | 繰り返す動き | 動きの順序 | 小刻みに振る |

●コラム

　聴覚障害者のさまざまな暮らしの様子、課題、活動についてコラムで紹介しています。また、講師からいろいろな話が聞けると思います。手話の学習とともに、ろう者の暮らしや活動、障害者の福祉なども積極的に学んでください。

手話講習会でのお願い

　手話講習会は、週に1回開催するところが多いと思います。皆さんにとって手話言語は、第二言語です。週1回という限られた時間で効果的に学ぶため、手話講習会で過ごす時間は大切な時間です。そのため、手話講習会の間は下記のことについて心がけていただければと思います。

●学ぶ講座の動画を見てから講座に参加するとスムーズです

予習として講習会の前に動画（テキストの基本文、応用文、単語）を見ましょう。講習会では講師や他の受講者と会話をして、実践的に身につけていきましょう。終了後はホームワークに取り組んだり、もう一度基本文と応用文の動画を見て練習してみましょう。

●講習会では講師の手話を見て学ぶことに集中しましょう

講習会では手話表現を見て、実際に自分で表現する、会話してみることが大切です。見て学ぶことが大切なので、講習会のときにテキストを見たり、メモを書いたりすることはお勧めしません。テキストは予習や復習で見ていただくようにお願いします。

●講師の話や問いかけにはうなずきなどで反応を

ろう講師は、皆さんの顔の表情や手話を見ています。皆さんが理解できたかどうか聞かれたら、分かったときはうなずく（首を縦に振る）、分からないときは首を横に振る（いいえ）と、講師が見てはっきり分かるよう反応をしましょう。

●相手と視線を合わせてから、話しましょう

手話は目で見る言葉です。
また、手話の表現とともに、顔の表情も見ることが必要です。相手と視線を合わせてから話し始めましょう。

●手話と音声

手話言語の語順やテンポは日本語とは異なります。手話を表すときは、音声を使わないで表現してみましょう。また、手話独特の口型もあります。動画や講師から学びましょう。

●手話で会話の練習をするとき、プライバシーに関わる質問には正直に答えなくてもかまいません

入門編では自己紹介を話題に、身近なことを手話で表現することを学びます。家族のこと、年齢など、話したくないことは正直に答えなくてもかまいません。

●手話講習会でよく使われる手話を覚えましょう

手話講習会の開始、終了のあいさつや、分かったかどうかの確認、質問したいときの手話表現を一部紹介します。
講師の説明や指示が分かり、スムーズに学習が進められたら、より楽しく学習できます。

始める	終わる	注目
分からない	分かる	もう一度
休憩	トイレ	覚える
そうそう（同じ）	違う	忘れる

動画サイトについて

社会福祉法人
全国手話研修センター　手話動画視聴システム
https://manabu.syuwa-sagano.com/

※画像はイメージです。

　このテキストは手話動画とセットになっています。手話動画はインターネット上にあり、視聴するには「**全国手話研修センター　手話動画視聴システム**」への登録と購入が必要です。

　登録および購入が済めば、パソコン、タブレット、スマートフォンから「**全国手話研修センター　手話動画視聴システム**」にログイン（＝メールアドレスとパスワードを入力）することにより視聴することができます。動画は、視聴期間内はいつでも見ることができます。予習に復習に、何度も繰り返し見ることができます。

●利用までの流れ

① **会員登録**（無料）

② **ログインして購入**

③ **手話動画の視聴**

会員登録（無料）

（1）準備する

・インターネット決済のため手元にクレジットカードや銀行口座情報をご準備ください。
・インターネットに繋がるパソコン、タブレット、スマートフォンで、サイト（https://manabu.syuwa-sagano.com/）にアクセスしてください。

（2）登録する

トップ画面の「**無料で会員登録する**」をクリックし、申し込んでください。

登録に必要な情報
・お名前
・メールアドレス
・パスワード（2回）
・都道府県

登録したメールアドレスに、manabu@com-sagano.comよりメールが届きます。そのメールにある会員様認証用URLに60分以内にアクセスして、登録を完了してください。

② ログインして購入

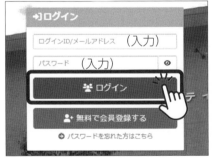

（1）ログインする

トップページの「**ログイン**」をクリックすると左の画面が出ます。登録したメールアドレスとパスワードを入力し「**ログイン**」をクリックします。ログインに成功すると「コースを選ぶ」のページが開きます。（いちばん最初は「コースがありません。」と表示されます。）

（2）購入する

①メニューの「**商品を探す**」をクリックすると左の画面が出ます。
②購入したいコースを選び「**カートに入れる**」をクリックします。「**手話奉仕員養成テキスト　手話を学ぼう　手話で話そう　入門・基礎**」がこのテキストに対応したコースです。
③「**カートに移動**」し、「**購入手続きへ進む**」をクリックします。（パスワード再入力）
④購入方法を選び、名前、住所等の必要な項目を入力し画面に沿って進んでください。
　※購入方法はクレジットカード決済または銀行振込のどちらかを選べます。
⑤決済が済めば、すぐに視聴ができます。（カード決済は即時、銀行振込は1日ほどで利用できるようになります。）

手話動画の視聴

●動画一覧

（1）「コースを選ぶ」をクリック
　「手話奉仕員養成テキスト　手話を学ぼう　手話で話そう　入門・基礎」を選ぶと、第1講座から第40講座までのフォルダが並んだ画面になります。

（2）視聴したい講座、動画を選ぶ
　例えば「第1講座」を選ぶと、学ぶこと・基本文・応用文・単語・ホームワークの単元が並んだ画面が開きます。いずれかの単元を選ぶと、動画視聴画面に変わります。

●学ぶこと・基本文・応用文
　字幕なし・手話ラベル字幕・日本語字幕の3種類から選べます。目的に応じて使い分けてください。(基礎編は字幕なし・日本語字幕の2種類)

●単語
　その講座で学んでほしい単語動画が続けて流れます。

●ホームワーク
　講習会の後にチャレンジするのがおすすめです。5問の選択クイズ問題です。5問解答したあと、答え合わせの画面が出ます。何度でもチャレンジすることができます。

●視聴画面

再生ボタンをクリックして、動画を視聴しましょう。

設定ボタンから動画の再生スピードを変えることができます。手話が速く読み取りにくいときは、ゆっくり再生してみてください。

●その他

（1）視聴期限
　手話動画には視聴期限があります。視聴期限を過ぎると見られなくなりますが、再度購入すれば再び視聴ができます。

（2）会員情報の変更
　画面右上の氏名をクリックして出るメニューの「プロフィール変更」「住所管理」から、氏名やメールアドレス、パスワードなどの変更が可能です。

（3）同時ログイン
　1つの会員アカウントを使って同時にログインできるブラウザは2つまでです。例えばパソコンとスマートフォンで同時にログインすることができます。

（4）退会
　学習が終わり、退会したい場合は「プロフィール変更」から手続きを行ってください。

●動画サイトに関する問い合わせ先
社会福祉法人全国手話研修センター　手話動画視聴システム担当　メール　manabu@com-sagano.com
電話　075-873-2646（平日10-17時　土日祝・年末年始は休業）　ファクス　075-873-2647
※動画サイトの詳細を全国手話研修センターのホームページにも随時掲載していますので、ご覧ください。
　https://www.com-sagano.com/manabu/ （右のQRコードからもアクセスできます。）

実 技

第 1 講座 目で見ることばを 使ってみましょう

1 手話との出会い

2 語彙を増やそう

3 文法を学ぼう

4 会話の力を高めよう

学ぶこと 手話表現の基本

手話は「手や身体」で表し、「目」で見て理解することばです。手話動画のモデルや手話講習会での講師の表現を参考にして、手話を見るポイント、手話表現の基本を学びましょう。

顔のあたりを中心に全体を見るようにしましょう

●手話を見る

・手話の単語は、基本的に「**手の形**」・「**手の位置**」・「**手の動き**」の組み合わせで構成されています。

・手話単語の方向・速度・強弱を変えたり、視線・顔の表情・体の動きを組み合わせることで文を作りますので、右図のように「手話を表す範囲」に注意して見ることが大切です。

●手の形・手の位置・手の動き

①「グー」の形を用いた手話単語

手 話	手の形	手の位置	手の動き
良い	手をにぎる（グー）	鼻の前	とめる
病気		おでこ	おでこに軽く2回当てる
元気		胸の前	同時に2回下方向へ動かす

②「人さし指」の形を用いた手話単語

手 話	手の形	手の位置	手の動き
思う	人さし指を立てる	こめかみ	こめかみにあてる
考える		こめかみ	こめかみにあてて人さし指をひねる
遊ぶ		顔の横	交互に前後に動かす

●手話表現の基本を知りましょう
●手話でのあいさつや場面に応じたあいさつを学びましょう
●手話講習会での注意事項を知りましょう

基本文　あいさつをしましょう

あいさつは出会いの基本です。手話でのあいさつを覚えて、話しかけてみましょう。

おはよう（朝）

こんにちは（昼）

こんばんは（夜）

❶ Ⓐ / おはよう /
おはよう。

　 Ⓑ / おはよう / / 天気　良い /
おはよう。いい天気ですね。

❷ Ⓐ / 暑い /
暑いね。

　 Ⓑ /（うなずき）　暑い /
うん、暑い。

❸ Ⓐ / こんばんは /
こんばんは。

　 Ⓑ / こんばんは /
こんばんは。

　 Ⓐ / 暑い /
暑いですね。

　 Ⓑ /（首振り） / / 涼しい /
いいえ、涼しいです。

＊ ポイント ＊

うなずきと首振り
質問に対して、「はい」か「いいえ」
をうなずきや首振りで答えます。

はい（うなずき）

いいえ（首振り）

応用文　場面に応じたあいさつ

友達に対しての手話と目上の人に対しての手話の表現は違います。
それぞれの場面に合った表現ができるように、どんな違いがあるのか学びましょう。

1

手話との出会い

2

語彙を増やそう

3

文法を学ぼう

4

会話の力を高めよう

❶ 友達に会ったとき

Ⓐ / やあ　久しぶり　元気？ /
やあ、久しぶり！元気？

Ⓑ / やあ　久しぶり
（うなずき）元気 /
久しぶり、元気よ。

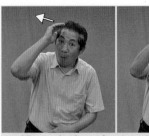
親しい友達などにあいさつするとき

＊ ポイント ＊

元気という単語に、たずねる表情をつけると
「元気ですか？」という意味になります。

元気？	（うなずき）	元気
元気ですか？	はい、元気です。	

❷ 目上の人に会ったとき

Ⓐ / おはよう /
おはようございます。

Ⓑ / やあ /
やあ！

Ⓐ / よろしく /
よろしくお願いします。

❸ 初対面の人に会ったとき

Ⓐ / はじめまして /
はじめまして。

Ⓑ / はじめまして /
はじめまして。

Ⓐ / よろしく /
よろしくお願いします。

Ⓑ / よろしく /
よろしくお願いします。

＊ ポイント ＊

目上の人にはお辞儀と一緒に丁寧な表現をします。

ろう者の呼びかけ方
ろう者を呼んだり、話をするときは、軽く肩を叩
いたり、手を振って相手に知らせ、目を合わせて
から話しかけましょう。

肩を軽く叩く	手を振る
（びっくりさせないように）	（相手の視界に入るように）

やってみましょう

●手話で表す…まねてみましょう

まずは講師の**手の形**を見て、まねてみましょう。
手の形だけの表現に慣れたら、次は**手の位置や動き**にも注意してまねてみましょう。

①「4指を閉じた
　パー」の形を用い
　た手話単語をまね
　てみましょう。

（例）
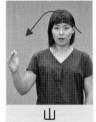  

山　　　　分かる　　　　本

②手の形は同じで、位置や動
　きが異なる手話単語をまねて
　みましょう。

（例）
  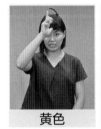 

聞く　　　言う　　　　黄色　　　なるほど

●手話講習会での注意事項を知りましょう

10ページにある「**手話講習会でのお願い**」を確認し、「**手話講習会でよく使われる手話を覚えましょう**」を参考に、講習会で使う手話を学びましょう。

単語一覧 ▶

手話　こんにちは　やあ　ありがとう　すみません　気をつけて
お疲れ様　冬（寒い）　春（暖かい）　同じ　今日　会う
うれしい　雨　曇り

ホームワーク ▶

動画サイトのホームワークに
取り組み、理解度を確認しま
しょう

手話は右手？ 左手？ ●

コラム

　初めて手話を体験していかがでしたか。右利きの人は、右手中心に手を動かしますが、左利きの人は、左手中心に表現すればスムーズかもしれません。どちらで表現しても大丈夫です。まずは覚えた手話を使ってたくさん会話してください。それが何よりの上達方法です。覚えていくのは大変と思うこともあるかもしれませんが、会話が弾むと楽しいですね。単語と単語のつながりのテンポや間（ま）などもよく見て一緒にまねてみましょう。手話という言語を楽しみながら学んでいってください。

名前（右利き）

名前（左利き）

1
手話との出会い

2
語彙を増やそう

3
文法を学ぼう

4
会話の力を高めよう

第2講座 名前を紹介しましょう

学ぶこと　名前の表し方

手話で名前を表現しましょう。
指文字や空書でも伝えることができます。

> **＊ ポイント ＊**
>
> 「田」を表現するとき、写真のようにいくつかの向きがあります。

●手話で表現しましょう

例　本田　　　　　　　　　　　　田中

手話

本田

田中

> **＊ ポイント ＊**
>
> 「名前」の表現は2つあります。

名前A（名札を表す表現）

名前B（拇印を押す表現）

●自分の名字を手話・指文字・空書で表現しましょう

日本人の名字は、物の形、物の動き、漢字の形、歴史的な由来、ことばの意味や読み方に由来するものが多いようです。自分の名字やほかの人の名字の手話を覚えましょう。

物の形から

物の動きから

漢字の形から

●自分の名前を表しましょう
●いろいろな名前の表現を学びましょう

歴史的な由来から	指文字

 佐々木 加藤

 さ  の

ことばの意味や読み方から	空書

 佐藤（砂糖＝甘い） 吉（良し）

 丁寧に１画ずつ表現しましょう

基本文　名前の紹介

お互いに紹介し合いましょう。第１講座で学んだあいさつも活用しましょう。

❶

/ pt1（私）　名前　本田 /
本田です。

pt1（私）　　名前　　　本田

❷

名前の表現は、①〜③のようにいくつかの方法があります。

❶ / pt1（私）　名前　田中 // よろしく /
❷ / 名前　田中　pt1（私）// よろしく /
❸ / 名前　田中 // よろしく /

田中です。よろしくお願いします。

＊ ポイント ＊

pt1（私）から名前まで止めず、一気に表します。名前であごを軽く下げ、田と中を一気に表します。

❶

  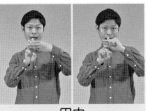
pt1（私）　　名前　　　　田中

❷

名前　　　　田中　　　pt1（私）

応用文 名前のたずね方と答え方

質問に対し、うなずくことで「はい」、首を振ることで「いいえ」を表現できます。
疑問詞の「何？」を使ってお互いの名前をたずねあいましょう。

❶ Ⓐ ／ 田中　pt2（あなた）？ ／
田中さん？

Ⓑ ／（うなずき）／
はい。

❷ Ⓐ ／ 山田　pt2（あなた）？ ／
山田さん？

Ⓑ ／（首振り）田中 ／
いいえ、田中です。

❸ ❶ ／ 名前　何？ ／

❷ ／ pt2（あなた）　名前　何？ ／

❸ ／ 名前？ ／
（あなたの）お名前は？

＊ ポイント ＊

指さしについて
自分を指さしする場合は **pt1**（私）、相手を指さす場合は **pt2**（あなた）と表記します。**pt3** は第３者や物、場所、空間などを示す指さしです。

pt1（私）	pt2（あなた）
pt3（あれ）	pt3（それ）

❷

pt2（あなた）　　名前　　　何？

❸

名前？

❹ Ⓐ ／ pt3（鈴木）　誰？ ／
あの人は誰？

Ⓑ ／ pt3（鈴木）　鈴木 ／
鈴木さんだよ。

＊ ポイント ＊

分からないときは、何や誰の単語にたずねる表情をつけて聞いてみましょう。

何？　　　　　　　誰？

やってみましょう

● 自己紹介をしましょう

● 他の人の名前を表現しましょう

● 漢字を組み合わせて名字を作って表現しましょう

例

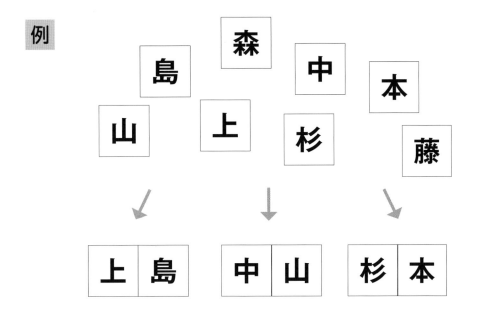

森		
島	中	
山	上	本
	杉	藤

↓　↓　↓

| 上 | 島 | | 中 | 山 | | 杉 | 本 |

単語一覧 ▶
村　小　松　佐々木　加藤
佐藤　吉　島　上　下　竹
林　森　杉　藤　西　東

指文字トライ！　自分の名前を表しましょう

ホームワーク ▶
動画サイトのホームワークに取り組み、理解度を確認しましょう。

「指さし」は手話の１つ　●‥‥‥‥‥‥‥‥‥‥‥‥‥‥‥‥‥‥‥**コラム**

　「人を指さす」ことは、失礼な態度になると言われます。しかし、手話言語を使うときに「指さし」は大切な役割をもっています。「指さし」は目の前にいる人や実際にある物を指さすだけではなく、話の流れの中に出てくる人や物を空間の特定の方向で指さすこともあります。ろう者の会話や動画を見て、指さしの使い方を身につけていきましょう。

1 手話との出会い

2 語彙を増やそう

3 文法を学ぼう

4 会話の力を高めよう

数を使って話しましょう

学ぶこと　数字に関わる手話

2ケタまでの数字を覚えましょう。そして、時刻や年齢を表してみましょう。

● 2ケタまでの数

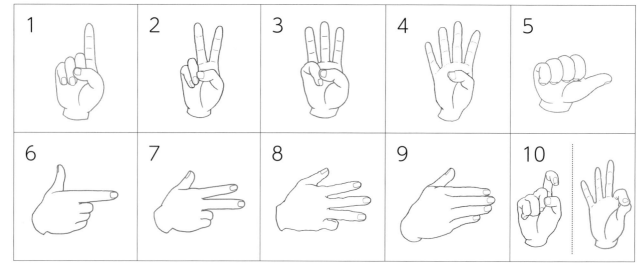

 例
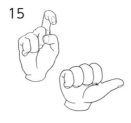 15 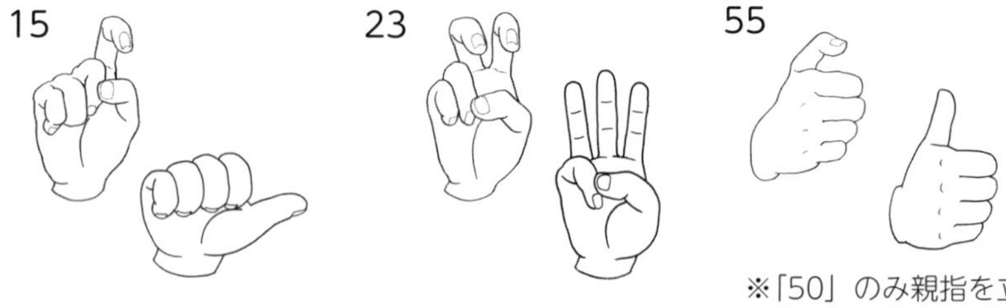
 23
 55

＊相手から見た図です。向きなどに気をつけて表現しましょう。
＊巻末に数の手話の一覧があります。参考にしてください。

※「50」のみ親指を立てて表します。「55」の場合は「5」も縦に立てて表します。

● 2ケタまでの数を使って会話を広げましょう

数に関わる疑問詞は、「何時？」「何歳？」「いつ？」などがあります。

❶ Ⓐ / 時　いくつ？ /
何時ですか？

Ⓑ / 時　2　20 /
2時20分です。

時

いくつ?

時

2

20分

※横に小刻みに振って表すこともできます。

左側縦ナビ：
1　手話との出会い
2　語彙を増やそう
3　文法を学ぼう
4　会話の力を高めよう

●2ケタまでの数字の表し方を学びましょう
●時刻、年齢、日にちの表し方を学びましょう
●数字にまつわる会話をしましょう

❷ Ⓐ / 歳　いくつ？ /
何歳ですか？

Ⓑ / 歳　20 /
20 歳です。

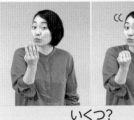

歳　　　　　　いくつ?

歳　　　　　20

＊ ポイント ＊

日本語では「2時20分」「20歳」ですが、手話は / 時　2　20/
/ 歳　20/ と先に「時」「歳」などを表してから数字を表現します。

❸ Ⓐ / いつ？ /
いつですか？

Ⓑ / 4月　6 /
4月6日です。

いつ?

4月　　　　6

＊ ポイント ＊

月日は両手を使って表しま
しょう。月と日にちはタテ1
列に揃うようにしましょう。
「日」は表しません。

基本文　時刻や年齢

❶ 時刻を表しましょう

/ 時　6　起きる /
6時に起きます。

/ 仕事　時　9　半　始まる /
仕事は9時半に始まります。

❸ 日にちを表しましょう

/ 今日　11月　28 /
今日は11月28日です。

＊ ポイント ＊

30分は、半
と表すこと
がよくあり
ます。

❷ 年齢を表しましょう

/pt1（私）　歳　35 /
私は35歳です。

9時　　　　　　半

応用文　時刻や年号を使った会話

時刻についての会話や年号を使っての会話を学んで、数字に関わる話を広げていきましょう。

❶ Ⓐ / 起きる　時　いくつ？ /
何時に起きますか？

Ⓑ / 時　6 /
6時です。

Ⓐ / 仕事　始まる　時　いくつ？ /
仕事が始まるのは何時ですか？

Ⓑ / 時　9　半 /
9時半です。

❷ Ⓐ / コーヒー　いくつ？ /
コーヒーはいくつですか？

Ⓑ / ホット　3　アイス　2 /
ホット3つにアイス2つです。

❸ Ⓐ / 誕生日　いつ？ /
誕生日はいつですか？

Ⓑ / 5月　25 /
5月25日です。

Ⓐ / 平成　生まれる？ /
平成生まれですか？

Ⓑ / そうそう /
はい。

●年号の手話

年号の表し方も覚えましょう。

令和　　　　平成　　　昭和

やってみましょう

イラストの人物になって会話をしましょう

本田さん
○歳
昭和46年4月20日生

ナミちゃん
○歳
令和元年5月19日生

山本さん
○歳
平成16年11月2日生

西田さん
○歳
昭和17年8月20日生

 単語一覧

分　年　終わる　紅茶
令和　昭和　年号

指文字トライ！
果物の名前を表しましょう
モモ・ミカン・キウイ・
イチゴ・パイナップル

ホームワーク
動画サイトのホームワークに取り組み、理解度を確認しましょう。

 コラム
数字は片手で億単位まで表せる

　月日は漢数字の表現で上下に表したり、時間や単位はアラビア数字の表現で横にずらして表したりなど、慣れないうちは、どっちだったかなと迷いますね。また「8」の数字は小指をうまく曲げられず苦労する方もたくさんいますが、手のひらにぴったりとくっつける必要はありません。練習を重ねて慣れていくとできるようになります。

　数字は、相手に分かりやすいように、ゆっくりはっきりと表現することが大切です。第5講座で、数字の100、1,000、1万、1億の表し方を学びますが、大きな数字でも片手だけで表すことができます。

第4講座 家族を紹介しましょう

1 手話との出会い

2 語彙を増やそう

3 文法を学ぼう

4 会話の力を高めよう

学ぶこと　家族に関わる手話

家族に関わる表現や疑問詞を学びましょう。また、人数の表し方も覚えましょう。

●家族の手話

父　母　兄　弟　姉　妹
祖父　祖母

父

母

＊ ポイント ＊

人物の表現の基本
この組み合わせでいろいろな人物を表すことができます。

男　　　　女

上下の空間位置は年齢や上下関係を表します。

父　　　　弟

/ 家族　いくつ？ /
(あなたの)家族は何人？

/ 4人 /
4人です。

家族　　　　　いくつ?

4人

＊ ポイント ＊

人数の表し方
写真のように数字の手形で漢字の「人」を書くように表現します。

●家族の表し方を学びましょう
●家族に関する表現を学びましょう
●人数の表し方を学びましょう

基本文　本田さんの家族の紹介

「本田さん（私）」と「父」の立場で紹介してみましょう

弟　　　　　　　　私　　　　　　　　母　　　　　　　　父

❶ 私 が紹介する場合

/pt1　家族　4人 /
私は4人家族です。

/pt3（人さし指）父
　pt3（中指）母
　pt3（薬指）pt1
　pt3（小指）弟 /
父と母と私と弟です。

❷ 父 が紹介する場合

/pt1　家族　4人 /
私は4人家族です。

/pt3（人さし指）pt1
　pt3（中指）妻
　pt3（薬指）娘
　pt3（小指）息子 /
私と妻と長女と長男です。

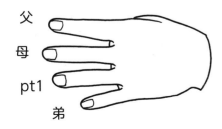
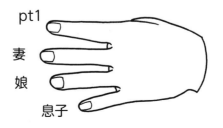

1 手話との出会い
2 語彙を増やそう
3 文法を学ぼう
4 会話の力を高めよう

応用文　家族の紹介

どんな家族が紹介されているか、動画を見ましょう。
また、「ろう者」や「きこえる人」の手話も覚えましょう。

❶ /pt1　家族　5人 /
/pt3（親指）祖父
　pt3（人さし指）父
　pt3（中指）母
　pt3（薬指）pt1
　pt3（小指）犬 /
/pt3（親指）きこえる /
/pt3（人さし指・中指・薬指）ろう /

私は5人家族です。
祖父と父と母と私と犬です。
祖父はきこえる人です。両親と私はろう者です。

> **＊ ポイント ＊**
>
> **指を使って表しましょう**
> 指を使って家族を順番に表現すると分かりやすく表現できます。最初の「5人」は数字の5を表現しますが、この動画では、5指を使っています。
>
>
>
> 祖父（きこえる）
> 父（ろう）
> 母（ろう）
> pt1（ろう）
> 犬

●「ろう」・「きこえる人」の手話

  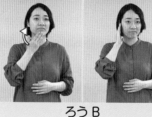 

| ろうA | ろうB | ろうC | きこえる人 |

❷ **Ⓐ** / 子ども　いくつ？ /
こどもは何人？

Ⓑ / 子ども　3人 /
3人。

Ⓐ / 息子？　娘？ /
息子？娘？

Ⓑ / 男　男　女 /
長男、次男、長女です。

> **＊ ポイント ＊**
>
> **男女の表し方**
> 兄弟や姉妹を紹介するとき3指で「男」「男」「女」と表すと「長男」「次男」「長女」の順番と男女が分かりやすくなります。
>
>
>
> | 男（長男） | 男（次男） | 女（長女） |

❸ Ⓐ / 兄弟　いくつ？ /
兄弟は何人？

Ⓑ / 3人 /
3人。

Ⓐ / pt2　pt3（人さし指）？ /
あなたは長男（長女）？

Ⓑ /（首振り）　pt3（薬指）/
いいえ、末っ子。

Ⓐ / pt3（人さし指）兄？　姉？ /
一番上はお兄さん？お姉さん？

Ⓑ / pt3（人さし指・中指）姉 /
姉2人。

兄弟

いくつ?

やってみましょう

●家族を紹介しあいましょう

相手に家族のことをたずねたり、自分の家族を紹介したりしましょう。実際の家族構成ではなく、テレビの中の家族や架空の家族で紹介してもかまいません。

○ 自分の家族を紹介しましょう。

○ 相手の家族をたずねましょう。

単語一覧

妹　祖母　両親　夫婦　夫
結婚　離婚　独身

指文字トライ！　家族の名前を表しましょう

ホームワーク

動画サイトのホームワークに取り組み、理解度を確認しましょう。

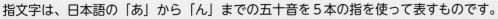

コラム

指文字について ●

　指文字は、日本語の「あ」から「ん」までの五十音を5本の指を使って表すものです。

　現在、日本で広く使われている指文字は「大曽根式指文字」です。1931（昭和6）年に発表されました。大阪市立聾唖学校（現 大阪府立中央聴覚支援学校）の教員だった大曽根源助たちがアメリカのアルファベット指文字をもとに考案しました。

　手話表現がない固有名詞などに使われます。また指文字と組み合わせた手話単語もあります。言い方を確認するために使うときもあります。指文字を使うときも、一つひとつのつながりに注意し、また、位置をずらしながら見やすいように表現するなど工夫しましょう。

※一部、大阪府立中央聴覚支援学校（聴覚障がい教育支援情報誌「みみネット」No.265 より引用）

1
手話との出会い

2
語彙を増やそう

3
文法を学ぼう

4
会話の力を高めよう

交通方法について話しましょう

学ぶこと 交通方法に関わる手話

場所や交通方法、所要時間や金額のたずね方を学びましょう。
3ケタ以上の数字の表し方を覚えましょう。

●地名や場所のたずね方

／家　どこ？／
お住まいはどこですか？

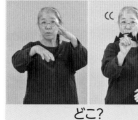

家　　どこ?

●交通方法のたずね方

／来る　方法　何？／
どんな方法（交通方法）で来たの？

来る　　方法　　何?

●金額のたずね方

／お金　いくつ？／
いくら？

お金　　いくつ?

●かかる時間のたずね方 A

／歩く　時　いくつ？／
歩いてどのくらい？

歩く　　時　　いくつ?

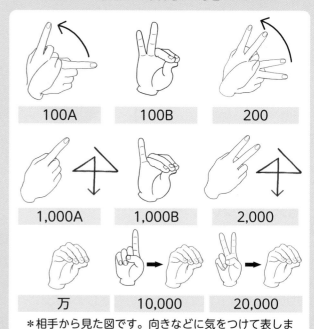

3ケタ以上の数字を覚えよう

100A	100B	200
1,000A	1,000B	2,000
万	10,000	20,000

＊相手から見た図です。向きなどに気をつけて表しましょう。
＊巻末に数の手話の一覧があります。参考にしてください。

●場所や行き方、金額、所要時間の表現を学びましょう
● ３ケタ以上の数字の表現を学びましょう
●交通方法について会話をしましょう

●交通手段の手話

| 電車 | JR | バス | 車 | 自転車 | 徒歩 | 地下鉄 |

基本文　交通方法のたずね方

自分の住む地域の紹介や会場までの交通方法の表し方を学びましょう。

❶ 住んでいる地域や講習会の会場までの行き方をたずねましょう

Ⓐ / 家　どこ？ /
あなたの家はどこ？

Ⓑ / 香川　県（もしくは都道府）
　　高松　市（もしくは区・町・村）/
香川県高松市。

Ⓐ / 来る　方法　何？ /
どうやって来たの？

Ⓑ / 電車 /
電車。

＊巻末に各都道府県の表現の一覧があります。
　参考にしてください。

❷ 交通方法、所要時間、運賃をたずねましょう

Ⓐ / 行く　方法　何？ /
どうやって行くの？

Ⓑ / バス /
バス。

| 行く | 方法 | 何？ |

Ⓐ / 時　いくつ？ /
バスでどのくらいかかるの？

Ⓑ / 40 /
40分。

Ⓐ / お金　いくつ？ /
バス代はいくら？

Ⓑ / 320　円 /
320円。

応用文　場所に関わる会話

「近い」「遠い」の表し方や、「～の隣」の使い方を学びましょう。

❶ Ⓐ / 東京　行く　方法　何？ /
東京までどうやって行くの？

Ⓑ / 新幹線 /
新幹線。

| 東京 | 行く | 方法 | 何? |

新幹線

Ⓐ / 時　いくつ？ /
どのくらいかかるの？

Ⓑ / ２時間　くらい /
２時間くらい。

Ⓐ / お金　いくつ？ /
いくらかかるの？

Ⓑ / 13,320 /
13,320円。

＊ ポイント ＊

かかる時間のたずね方B
手首を指している人さし指を
時計回りに回してたずねるこ
ともできます。

＊ ポイント ＊

「円」の省略
金額の話をしていると分かっている場
合、円を使わず金額の数字だけを表す
こともできます。

❷ Ⓐ /pt3　病院　近い？ /
病院は近い？

Ⓑ / （首振り）遠い /
いいえ、遠いです。

Ⓐ / 行く　方法　何？ /
どうやって行くの？

Ⓑ / 電車　乗り継ぎ　バス /
電車とバスです。

Ⓐ / 病院　隣　pt3　何？ /
病院の隣は何？

Ⓑ / レストラン /
レストランです。

＊ ポイント ＊

「～の横」「～の隣」
は自分から見て実
際にある方向や場
所を示します。

| 病院 | （右側に）隣 | pt3 | 何? |

やってみましょう

●イラストを見て会話をしましょう

小林さん
電車 30 分
220 円

加藤さん
バス 10 分
120 円

中井さん
自転車 20 分

南本さん
夫の車 5 分

単語一覧

JR　車　自転車
地下鉄　歩く（徒歩）
タクシー　飛行機
1 時間　コンビニ
駅　向かい

指文字トライ！　花の名前を表しましょう
ユリ・キク・サクラ・
タンポポ・アジサイ

ホームワーク

動画サイトのホームワークに取り組み、理解度を確認しましょう。

1 手話との出会い
2 語彙を増やそう
3 文法を学ぼう
4 会話の力を高めよう

手話と日本語の語順 ● ‥‥‥‥‥‥‥‥‥‥‥‥‥‥‥‥‥‥‥ コラム

　手話と日本語は語順が違うと思われたことでしょう。例えば、「10歳」を表すとき、手話では / 歳　10 / と表します。また、/ 生まれる　いつ？ / のように疑問詞も最後に表現することが多いです。
　手話は日本語の音声と同時に表現するものではありません。見て分かるように手話を表現しましょう。口の形と動きは手話に合わせた方法で使います。慣れていきましょう。

好きなことについて話しましょう

学ぶこと 気持ちを表す手話

好き、嫌い、得意、苦手などの気持ちを表す手話を覚えて会話を広げましょう。

好き

嫌い

得意

苦手

上手

下手

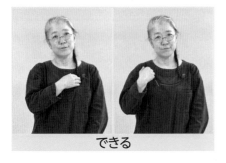

できる　　　　できない

●選ぶ時のたずね方

/ 好き　どちら？ /

どっちが好き？

好き

どちら?

＊ ポイント ＊

疑問詞は文の最後に

2つの物で、どちらかをたずねたいときの疑問詞はどちら？があります。

/ 好き　どちら？ /のように手話では疑問詞を最後に表します。

●好き、嫌い、得意、苦手など気持ちの表現を学びましょう
●顔の表情や手話の強弱をつけて気持ちに合った表現をしましょう
●好きなことについて会話をしましょう

基本文　「好き?」や「できる?」を使った会話

好きな食べ物など、「はい」（うなずき）「いいえ」（首振り）で意思を伝えましょう。

❶ Ⓐ / カレー　好き？ /
カレーは好き？

Ⓑ -1 / （うなずき）好き /
好き。

カレー　　好き?

（うなずき）　　好き

Ⓑ -2 / （首振り）嫌い /
いいえ、嫌い。

❷ Ⓐ / パソコン　できる？ /
パソコンはできる？

Ⓑ -1 / （うなずき）できる /
うん、できる。

Ⓑ -2 / （首振り）難しい /
いいえ、できない！

❸ Ⓐ / 料理　上手？ pt2 /
あなたは料理は上手？

Ⓑ -1 / （うなずき）得意　pt1/
うん、得意。

Ⓑ -2 / （首振り）下手　pt1/
いいえ、下手。

応用文 「どっち?」や「大好き」を使った会話

手話の強弱や顔の表情を使った表現を見ましょう。

❶ Ⓐ /コーヒー　紅茶　好き　どちら？/
コーヒーと紅茶、どっちが好き？

コーヒー	 紅茶	好き	どちら？

Ⓑ -1 /コーヒー/　**Ⓑ -2** /pt3/
コーヒー。　　　　　　　コーヒー。

> **＊ ポイント ＊**
>
> B-2 は**コーヒー**が表現された位置を指さしで答えています。

❷ Ⓐ / pt1 ラーメン　大好き /
/ pt1　福岡　行く /
ラーメンが大好きなんだ。福岡にいくよ。

ラーメン	大好き	pt1	福岡	 行く

Ⓑ /（反応）飛行機？/
へ〜！　飛行機で行くの？

Ⓐ /違う　船/　/飛行機　苦手/
いや、飛行機は苦手だから、船で行くんだ。

違う	船	飛行機	苦手

Ⓑ /（反応）船　良い　楽しい /
へぇ〜！　船旅楽しそう！

> **＊ ポイント ＊**
>
> 気持ちに合わせて顔の表情や手話の強弱をつけて表しています。
>
>
> 好き 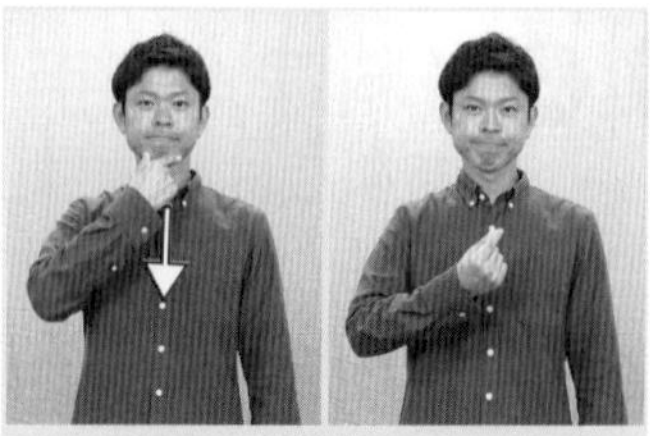
>
>
> 大好き 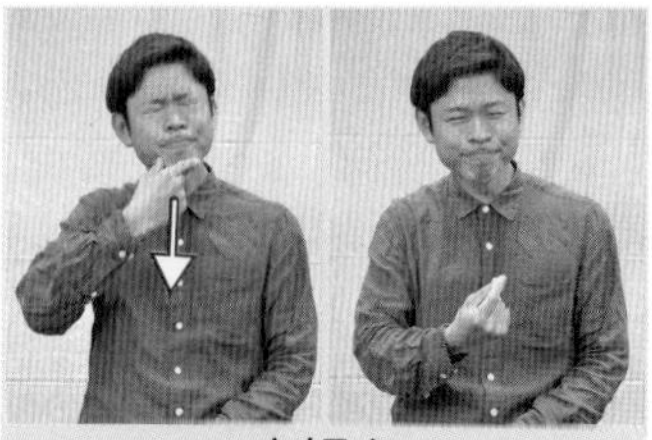

左側余白：
1 手話との出会い
2 語彙を増やそう
3 文法を学ぼう
4 会話の力を高めよう

やってみましょう

●「好き？」や「嫌い？」や「どっち（どれ）が好き？」という表現を使って相手にたずねましょう

①

②

③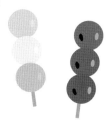

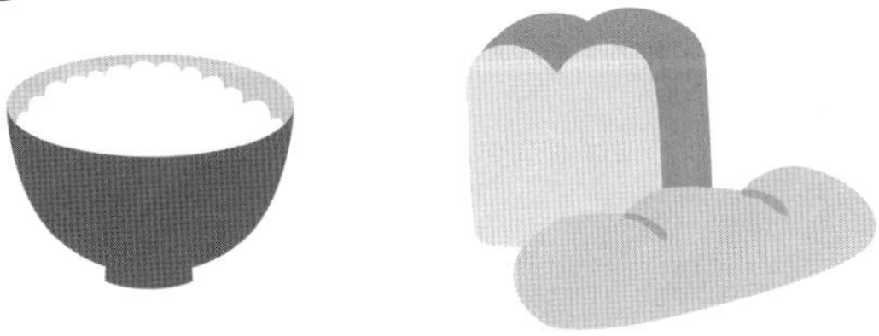

④

●好きな食べ物・嫌いな食べ物をたずねましょう

単語一覧

パソコン　料理
うどん　パン　ご飯
団子　ケーキ
ビール　酒　ワイン

指文字トライ！　野菜の名前を表しましょう
ナス・ネギ・トマト・キャベツ・ピーマン

ホームワーク

動画サイトのホームワークに取り組み、理解度を確認しましょう。

右側タブ:
1 手話との出会い
2 語彙を増やそう
3 文法を学ぼう
4 会話の力を高めよう

コラム

手話の表情〜気持ちを表す表情と文法としての表情〜

　皆さんは「表情」と聞くと喜怒哀楽のことを思い浮かべると思います。嬉しい話のときは笑顔で、悲しいときは悲しい表情でと。手話における表情の場合は、感情表現だけではありません。例えば、小さなボールを表すとき、口や頬をすぼめ、目が細くなります。体も前かがみになります。逆にバランスボールなどの大きい球を表すと口や目が大きくなり、頬を膨らませます。体ものけぞるようになります。このように、眉や頬、口、視線、体などの使い方が大切になります。また質問をするときは眉をひそめたり首を傾けたりします。表情の使い方も意識して学びましょう。

第7講座 仕事を紹介しましょう

学ぶこと 仕事に関わる手話

仕事に関わる単語を覚え、仕事の話題で話が広げられるよう、学びましょう。

●仕事のたずね方

❶ / 仕事　何？ /
仕事は何ですか？

/ 医師 /
医師です。

仕事　　何？　　　　　　　　　　医師

❷ Ⓐ / 仕事　始まる　時　いくつ？ /
仕事は何時から？

Ⓑ / 時　8 /
8時。

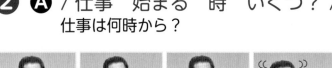

仕事　　始まる　　時　　いくつ？

時　　　　8

Ⓐ / 仕事　終わる　時　いくつ？ /
何時に終わるの？

Ⓑ / 時　5　半 /
5時半。

仕事　　終わる　　時　　いくつ？　　　時　　　5　　　半

※仕事の会話をしていると分かるので、ここでは**仕事**を省いて表すこともできます。

●仕事に関わる表現を学びましょう
●仕事について話しましょう

基本文　仕事の紹介

自分の仕事の紹介をしたり、相手の仕事をたずねましょう。

❶ 仕事を紹介しましょう

/ pt1　<u>仕事</u>　会社員 /
私は会社員です。

/ 家　出る　時　7/
家を7時に出ます。

/ 仕事　始まる　時　8/　/ 終わる　時　5/
仕事は8時から始まり、5時に終わります。

> **＊ ポイント ＊**
>
> 「仕事」の手話
> この2つの手話は
> 「仕事」の意味でも
> 使います。
>
>
> 働く・仕事
>
>
> 作る・仕事

❷ 仕事をたずねましょう

Ⓐ / pt2　仕事　何？ /
あなたの仕事は何？

Ⓑ / 施設　職員　pt1/　/ pt2？ /
施設の職員です。あなたは？

Ⓐ / 公務員 /
公務員。

応用文 子どもの時の夢や仕事の会話

子どもの時の夢や仕事の様子について会話をしましょう。

❶ Ⓐ / 仕事　何？ /
　　　仕事は何ですか？

　　Ⓑ / 学校　先生 /
　　　学校の教師です。

　　Ⓐ / 小さい　とき　夢　何？ /
　　　子どもの時の夢は何でしたか？

　　Ⓑ / 花　お店 /
　　　花屋さんです。

小さい	とき	夢	何？

❷ Ⓐ / 仕事　忙しい？ /
　　　仕事忙しい？

仕事	忙しい？

　　Ⓑ / （うなずき）4月　忙しい　仕事 ++　疲れる /
　　　4月は仕事が忙しくて、疲れる。

うなずき	4月	忙しい

　　Ⓐ / ご苦労様 /
　　　お疲れ様。

　　Ⓑ / 今度　5月　連休 /　/ 頑張る /
　　　5月の連休まで頑張る。

やってみましょう

●イラストの人物になって会話しましょう

父
銀行員
始業 9 時半
終業 6 時半
バスで 20 分

母
手話通訳者
始業 9 時
終業 5 時半
自転車で 15 分

祖父
茶道の先生
始業 7 時
終業 3 時
自宅で勤務

姉
保育士
始業 8 時半
終業 4 時
電車・バスで 30 分

①仕事は何？
②仕事が始まる時間は？
③終わる時間は？

④交通方法は？
⑤時間はどのくらいかかる？

●子どもの時になりたかった職業をテーマに会話をしましょう

単語一覧

学生　看護師　介護福祉士
保育士　銀行　茶道　先生
販売　受付　事務　主婦
主夫　手話通訳
アルバイト　パートタイム

指文字
トライ！
文房具の名前を
表しましょう
ペン・ノート・
エンピツ・ボールペン

ホームワーク

動画サイトのホームワークに
取り組み、理解度を確認しま
しょう。

ジェンダーと手話
コラム

　全国手話研修センター手話言語研究所にて策定されている標準手話は、社会の変化にも対応してい
ます。性的指向や性的自認に関するLGBTQという性的少数者の人たちの活動がろう者も含めて広がっ
ています。その中で、〈男〉〈女〉の手話を左右から近づけてつける〈結婚〉の表現は、LGBTQの人
にとっては使いにくいという声が出され、親指と小指を人さし指に変えた〈結婚〉等が標準手話とし
て確定されるなど、いくつかのジェンダーフリーな手話表現が生み出されています。

右側タブ:
1 手話との出会い
2 語彙を増やそう
3 文法を学ぼう
4 会話の力を高めよう

1日のことを話しましょう

学ぶこと　1日の生活に関わる手話

1日の生活を手話で話せるように学びましょう。

●時間帯

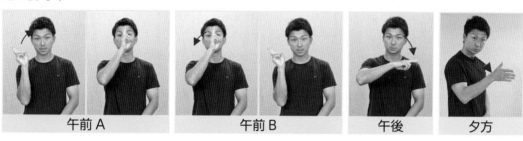

午前 A　　　午前 B　　　午後　　　夕方

※午前の代わりに朝と表すこともあります。

●動詞

起きる　　寝る　　食べる　　飲む　　遊ぶ　　読む　　見る

＊ ポイント ＊

何を洗うのか？具体的に表しましょう
「洗う」という手話はありますが、何を洗うのか、どこを洗うのかで、表現が変わってきます。日本語にとらわれずに具体的に表しましょう。

（手を）洗う　　（顔を）洗う　　（頭を）洗う

●1日に関わる表現を学びましょう
●今日1日のことを手話で伝えましょう

基本文 ○時にします

時刻をたずねたり、答えたりしましょう。

❶ Ⓐ / 起きる　時　いくつ？ /
何時に起きますか？

Ⓑ / 時　6 /
6時です。

❷ Ⓐ / 洗濯　時間　朝？　夜？ /
洗濯するのは朝？夜？

Ⓑ / 朝 /
朝です。

❸ Ⓐ / 仕事　終わる　時　いくつ？ /
仕事は何時に終わりますか？

Ⓑ / 時　6　半 /
6時半です。

Ⓐ / 家　帰る　時　いくつ？ /
家に帰るのは何時ですか？

Ⓑ / 時　7 /
7時です。

❹ Ⓐ / 昨日　pt2　寝る　時　いくつ？ /
昨夜は何時に寝たの？

Ⓑ / 時　12 /　/ 昨日　夜　遅い　pt1　テレビ　見る /
12時。昨夜は遅くまでテレビを見たんだ。

＊ポイント＊

時 の省略

時刻を聞かれて答えるとき、時 を省略し、数字だけ表すこともできます。

Ⓐ / 起きる　時　いくつ？ /
起きる時間は何時？

Ⓑ / 6 /
6時

応用文　私の1日

動画を見て、どんな1日だったのか確認しましょう。

/ 今日　起きる　時　6 /
/ ご飯　時　6　半 /
/ 着替える　家　出る　時　7　15 /
/ 会社　まで　車(運転)　1時間 /
/ 時　8　半　から　5　半　まで　仕事 /
/ 終わる　後　友達　一緒　卓球　楽しい /
/ 家　帰る　時　8 /
/ 夜　ビール　飲む　ご飯 /
/ お風呂　時　10 /　/ 後　テレビ　見る /　/ 寝る　時　12 /

から　　　まで

今日は6時に起きました。
6時半にご飯を食べました。
着替えて7時15分に家を出ました。
会社まで車で1時間です。
8時半から5時半まで仕事です。
仕事の後は友達と卓球を楽しみました。
家には8時に帰りました。
夜はビールを飲みながらご飯を食べました。
10時に入浴し、テレビを見た後12時に寝ました。

＊ ポイント ＊

「帰る」の方向

帰る

どこかへ帰るときは体の外側に向かって帰るの手話を表します。

帰ってくる

誰かが自分のいる場所へ帰ってくるときは体の内側に向かって帰るの手話を表します。

やってみましょう

●起きた時刻や、家を出た時刻など、1日のことをたずねましょう。

6：30

8：15

9：00

12：00 ～ 12：45

4：00

5：00

7：00

9：00

10：00

単語一覧 ▶

生活	夕方	遊ぶ	読む
洗濯	掃除	買い物	
昨日	早い	出発	
前（過去）	後（未来）		

指文字トライ！
動物の名前を表しましょう
イヌ・ウマ・キツネ・
パンダ・ライオン

ホームワーク ▶
動画サイトのホームワークに
取り組み、理解度を確認しま
しょう。

手話の動詞　手の形や動きが変化するものがある ●･･･････ コラム

　手話の辞典には、日本語の単語一つに手話の単語がいくつかあったり、その逆もあったりします。例えば「食べる」という動詞は「ご飯を食べる」「うどんを食べる」「カレーを食べる」では、食べ方や道具が変わります。手話では実際の動きに合った表現が多く見られます。箸で食べる動きの「食べる」だけでは分かりにくい表現になります。

　また「助ける」、反対に自分が助けてもらうときでは、動きが反対になり向きも変わります。「帰る」なども同様です。これが手話の特徴であり魅力と気づけば楽しい学習になります。

右端縦書きメニュー：
1 手話との出会い
2 語彙を増やそう
3 文法を学ぼう
4 会話の力を高めよう

まとめ1
～疑問詞と指文字の復習～

学ぶこと・基本文　疑問詞の復習

学んだ手話でコミュニケーションを取り、手話との出会いを満喫されたでしょうか。
今日も疑問詞を使って会話をしましょう。

●朝ご飯

❶ Ⓐ / 今日　朝ご飯　終わる？ /
今日は朝ごはんを食べた？

Ⓑ / （うなずき）終わる /
食べました。

Ⓐ / 食べる　～した　何？ /
何を食べたの？

Ⓑ / パン　コーヒー /
パンとコーヒーです。

Ⓐ / 毎日　パン？ /
毎日パンを食べてるの？

Ⓑ / （うなずき）好き /
はい、好きです。

> **＊ ポイント ＊**
>
> 過去・完了の表現
> 手話では、過去形を～したと
> 文末で表現します。
>
>
>
> 食べる　　　～した

●ペット

❷ Ⓐ / 犬　猫　好き　どちら？ /
犬と猫、どっちが好き？

Ⓑ / pt1　犬　好き /
/ 家　犬　2　いる /
/ pt2　何？ /
犬が好きです。2匹飼っています。
あなたはどう？

Ⓐ / 犬　苦手　散歩　必要 // 猫　良い /
犬は苦手です。散歩が必要でしょう。
猫がいいです。

> **＊ ポイント ＊**
>
> 「あなたは？」のたずね方
> 相手を指さし（pt2）し、質問
> する表情で表します。
>
>
>
> pt2　　　　何?

● 1 〜 8 講座まで学んだ疑問詞を使って会話しましょう
● 指文字を練習して、会話の中で使いましょう

応用文　疑問詞を使った会話

「昼ご飯」に関わる話題で、疑問詞を使って会話を広げてみましょう。
相手が答えた後に表情などで「反応」することも大事なコミュニケーションです。

●昼ご飯

❶ Ⓐ / 昼ご飯　毎日　お弁当？ /
昼ご飯は毎日お弁当？

Ⓑ / そうそう /
そうです。

Ⓐ / 作る　誰？ /
誰が作るの？

Ⓑ / 母 /
母です。

❷ Ⓐ / 昼ご飯　毎日　お弁当？ /
昼ご飯は毎日お弁当？

Ⓑ / （首振り）　会社　食堂　食べる /
いいえ、会社の食堂で食べています。

Ⓐ / pt3　お金　いくつ？ /
いくら？

Ⓑ / 350　円 /
350 円です。

Ⓐ / (反応)　安い！ /
へぇ〜安いね。

> **＊ ポイント ＊**
>
> 質問の答えへの反応
> 350円に対して、表情で反応をしています。
>
>
>
> （反応）　　　　　安い!

❸ Ⓐ / 昼ご飯　弁当　毎日　作る？ pt2 /
　　昼ご飯のお弁当は毎日作りますか？

　 Ⓑ / （首振り）違う　時々　買う　pt1/
　　いいえ、時々買っています。

　 Ⓐ / 今日　買う　何？ /
　　今日は何を買いますか？

　 Ⓑ / サンドイッチ　コーヒー /
　　う〜ん。サンドイッチとコーヒー。

●夕食

❹ Ⓐ / 昨日　夜　食べる　何？ /
　　昨日の晩は何を食べたの？

　 Ⓑ / カレー　食べる　〜した /
　　カレーを食べました。

　 Ⓐ /pt2　作る？ /
　　君が作ったの？

　 Ⓑ / pt1　難しい /　/ レトルト（袋を破ってご飯にかける様子）/
　　私は作れないです。レトルトです。

＊ ポイント ＊

●指文字と動作で表現
「レトルト」を指文字で表してから、レトルトカレーをかける動作で表しています。

 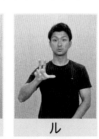   

| レ | ト | ル | ト | （袋を破ってご飯にかける様子） |

やってみましょう

指文字は使い慣れたでしょうか？日々練習することで習得することができます。
いろいろな場面で指文字を取り入れて、使い慣れていきましょう。

●メニューを見て、指文字を使って注文しましょう

焼肉メニュー

① バラ
② ロース
③ カルビ
④ アバラ
⑤ ハラミ
⑥ タン
⑦ ヒレ
⑧ レバー
⑨ リブステーキ

⑩ ホルモン
⑪ シマチョウ
⑫ ハツ
⑬ ミノ
⑭ センマイ
⑮ クッパ
⑯ サンチュ

単語一覧

高い お茶 ミルク
おにぎり 売る おいしい
まずい 簡単 魚 肉
焼肉

指文字トライ！
国の名前を表しましょう
タイ・ペルー・
エジプト・ルーマニア

ホームワーク

動画サイトのホームワークに
取り組み、理解度を確認しま
しょう。

コラム

手話言語の国際デー

　9月23日は「手話言語の国際デー」です。手話言語が音声言語と対等であることを認め、ろう者の人権が完全に保障されるよう、国連加盟国が社会全体で手話言語についての意識を高める手段を講じることを促進するために、2017（平成29）年12月19日、国連総会で決議されました。9月23日は世界ろう連盟が1951年に設立された日でもあるのです。日本では2018（平成30）年から「手話言語の国際デー」を記念するイベントが開催され、全国各地で取り組まれています。

　また、9月の最後の一週間は「国際ろう者週間」となっており、毎年テーマが設けられ、アピールされています。

まとめ2
～自己紹介～

学ぶこと・基本文　本田さんの自己紹介

第1講座から学んできた自己紹介のまとめです。
本田さんは、どんな自己紹介をしましたか？

みなさん

こんばんは（夜）

/ 皆さん　こんばんは /
皆さん、こんばんは。

/ pt1　名前　本田　たろう（指文字）/
本田太郎です。

/ 誕生日　8月　25 / / 歳　40 /
8月25日生まれ、40歳です。

/ 仕事　会社員 /
会社員です。

/ 好き　何　旅行　温泉 /
好きなことは旅行と温泉です。

/ 家族　5人 / / 私　妻　子ども　3　人　女　女　男 /
5人家族です。私と妻と子ども3人で上から娘、娘、息子です。

/ 家　場所　駅　歩く　10　分　位 /
家は、駅から歩いて10分くらいです。

●第1講座から学んだことを活用して1〜2分程度の自己紹介をしましょう

やってみましょう

●イラストの人物になって自己紹介をしましょう

	鈴木さん	山本さん	小野寺さん	森田さん
名前	鈴木さん	山本さん	小野寺さん	森田さん
家族	4人	6人	2人	3人
誕生日	平成2年8月20日	昭和40年12月13日	昭和30年1月12日	昭和55年9月15日
年齢	○歳	○歳	○歳	○歳
好きな食べ物	ケーキ	うどん	団子	カレー
仕事	手話通訳	公務員	花屋	会社員
住まい	東京	島根	大分	青森

●イラストの人物になってたずねあいましょう

○ 名前（何？）
○ 家族（何人？）
○ 誕生日（いつ？）
○ 歳（いくつ？）
○ 好きなこと（何？）
○ 仕事（何？）
○ 住まい（どこ？）
　その他もたずねてみましょう

応用文 ろう者の生活の工夫

ろう者の生活において、工夫しているところを確認しましょう。

/ 夜明け（朝） 起きる 方法 枕 （下）（スマホ） 振動 目が覚める /
/ 友達 家 来る 時 押す（ドアフォン） 光る 見る 分かる /
/ きこえる人 音声 音 生活 /
/ ろう者 場合 光 見る 振動 気づく 分かる 生活 /

朝起きるときは、枕元に置いていたスマホの振動で目覚めます。
友達が家へ来たときは、ドアフォンがフラッシュランプに反応し、点滅して知らせてくれます。
きこえる人は音声や音を使って生活しています。ろう者は光や振動を使って生活しています。

夜明け（朝）

1 手話との出会い

2 語彙を増やそう

3 文法を学ぼう

4 会話の力を高めよう

やってみましょう

●地域のろう者と交流しましょう

○ 名前（何？）
○ 家族（何人？）
○ 誕生日（いつ？）
○ 歳（いくつ？）
○ 好きな食べ物（何？）
○ 仕事（何？）
○ 住まい（どこ？）

●地域のろう者の暮らしについて聞きましょう

単語一覧

歌う　目覚める　教室　電話
ファックス　タブレット
携帯電話　声　聞く　神社
寺　自己紹介　お互い　人々
地域　交流　工夫　ゲーム

指文字トライ！　指文字しりとりをしてみよう

ホームワーク

動画サイトのホームワークに取り組み、理解度を確認しましょう。

コラム

全国手話検定試験 ●

　手話を学習していて、自分の手話のレベルを知りたいと思うことがありませんか。そんな時に、全国手話研修センターが実施する「全国手話検定試験」があります。手話の普及と情報バリアフリー社会を目指し、2006（平成18）年から始まったこの試験は、手話でのコミュニケーション能力を5級、4級、3級、2級、準1級、1級の6つのレベルに合わせて認定します。

　すべての級で手話でのスピーチと会話をする面接試験があります。会場試験に加えて、2020（令和2）年度からインターネットで受験できるようになりました。学ばれる皆さんが、この試験を学習の励み（目標）に、その成果をろう者との交流や仕事などに活かしていただくよう願っています。

全国手話検定試験
https://kentei.com-sagano.com/

1週間のことを話しましょう

学ぶこと・基本文　時に関わる表現

ここでは、1週間の曜日の表し方や、昨日・今日・明日など時に関わる手話を覚えましょう。また、「1週間に3回」といった頻度の表し方も覚えましょう。

A ／ 昨日　飲む　楽しい ／
昨日の飲み会楽しかった！

B ／ (スマホの写真)　❶見た ／
写真は見たよ。

A ／ pt2　昨日　欠席　なぜ？ ／
どうして来なかったの？

B ／ 卓球　練習 ／／ 来週　日曜　pt1　試合 ／
卓球の練習があったから。　来週の日曜に試合がある。

A ／ 練習　毎日？ ／
練習は毎日してるの？

B ／ (首振り)　❸火曜　木曜　土曜　❷週　3　練習 ／
いいえ。火曜・木曜・土曜の週3回、練習してる。

なぜ

＊ ポイント ＊

「(動詞)」＋「〜した」
「見る」＋「〜した」で「見た」
「〜した」を片手だけで表現する
こともあります。

回数の表し方
「週に3回」というときには、／ 1週間　3 ／
「1日に3回」は ／ 1日　3 ／
「月に3回」は ／ 1か月　3 ／と表します。

❶
見た

❷
週　　　　　3　　　　　練習

1 手話との出会い
2 語彙を増やそう
3 文法を学ぼう
4 会話の力を高めよう

●過去・現在・未来の表し方など「時^{とき}」に関わる語彙を学びましょう
●「1週間に3回」といった表し方を学びましょう

＊ ポイント ＊

空間位置の表現
火曜　木曜　土曜
位置を少しずつずらして
表しています

火曜　　木曜　　土曜

●過去・現在・未来の表現

手話では体の前方が未来を、後方が過去を表します。体の前の位置は現在を表します。

過去

先週

昨日

明日

来週

未来

応用文　1週間のこと

今週はどんなことがあるのでしょうか。

/ 今日　水曜　仕事　終わる　あと　会議　ある / pt1　がんばる /
/ 昨日　火曜　❶友達　メール　土　日　会う　約束 /
/ 一昨日　月曜　夜　バレーボール　練習＋＋　終わる　pt1　疲れる /
/ 明日　木曜　仕事　休み　うれしい / / pt1　家　掃除　必要　pt1 /
/ 明後日　金曜　料理　教室　行く / / ケーキ　作る /
/ 土曜　日曜　pt1　家　❷友達　2人来る /
/ pt1　久しぶり　会う　楽しい　待つ /

今日は水曜日。仕事が終わった後に会議があります。がんばります。
昨日は火曜日。友達からメールが来て、土日に会う約束をしました。
一昨日は月曜日。夜、バレーボールの練習をしました。疲れました。
明日木曜日は仕事は休みです。うれしい。家の掃除をします。
明後日の金曜日は料理教室に行きます。ケーキを作ります。
土日は友達が2人、家に来ます。久しぶりに会うので楽しみです。

＊ ポイント ＊

❶

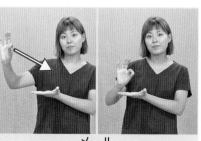

友達　　メール

メールは友達の方から自分に向かって動かします。

❷

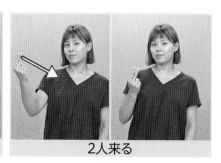

友達　　2人来る

来るは2人来るので、2本の指で表します。

やってみましょう

●カレンダーを使って話してみましょう

○カレンダーを見ながら表しましょう
　質問しましょう

　　　来週の水曜日は何日？　　　　　○月○日。
　　　今日は金曜日。明日は？　　　　○曜日。

○文を作って話しましょう

　　　「○月○日○曜日　○○へ行く」

○回数を使って、会話しましょう

　　　スーパー行くのは週何回？　　　週○回。
　　　手話の学習は月に何回？　　　　1か月○回。
　　　1日に何時間テレビを見る？　　○時間。

単語一覧

先週　出席　1か月　月　祝日　会議　待つ　スーパー

ホームワーク

動画クラウドのホームワークに取り組み、理解度を確認しましょう

1　手話との出会い
2　語彙を増やそう
3　文法を学ぼう
4　会話の力を高めよう

ろう者の生活①　テレビの字幕 ●　　コラム

　1985(昭和60)年から字幕番組放送が始まりました。1997(平成9)年に放送法が改正され、テレビ放送事業者は字幕番組、解説番組をできるだけ多く設けるようにしなければならないとする放送努力義務が規定されました。これにより総務省は計画的に進めるための指針を策定しています。テレビ受像機には字幕機能が標準で備えられるようになっていますね。対象の放送番組の全てに字幕を付けることを目標にしていますが、地方の放送局制作のローカルニュース、災害時の放送、コマーシャルへの字幕付与、そして手話放送の促進が課題です。有料動画配信やYouTubeの動画を楽しむ人が増えていますが、こうした動画への字幕付与も課題です。

スポーツや趣味について話しましょう

学ぶこと・基本文　同じ手話を繰り返す表現

スポーツや趣味に関わる手話を学びましょう。

また、同じ手話を繰り返すことで何度もしていることや強調していることを学びましょう。

Ⓐ ／pt2　元気／／スポーツ　好き？／
あなた元気ね！　スポーツは好き？

Ⓑ ／（うなずき）　サッカー　得意／／中学　高校　サッカー　クラブ／
はい。サッカーが得意です。中学と高校はサッカークラブでした。

Ⓐ ／（反応）へー　／／❶今　続ける？／
そう。サッカーは今も続けているの？

Ⓑ ／そうそう　❷今　かたい／　／練習　❸行く＋＋／
／pt2　スポーツ　得意　何？／
今も練習を続けています。あなたの得意なスポーツは何ですか？

Ⓐ ／（首振り）pt1　スポーツ　苦手／
私、スポーツは苦手です。

／でも　高校　時　写真　部／
高校（高等部）の時は写真部でした。

／いろいろ　花　車　景色　❹撮る＋＋　好き／
花、車、景色など写真を撮るのが好き。

＊ ポイント ＊

「続ける」を「かたい」で表現
「かたい」という手話は、「しっかりしている」「強固である」ことを表す手話です。
「今もそのまま・変わっていない」ことを表すときにも使います。

今	続ける？	今	かたい

●スポーツや趣味に関する語彙を学びましょう
●同じ手話を繰り返す表現を学びましょう

＊ ポイント ＊

繰り返し表現（何回もする）
・同じ単語を繰り返すことで、何回もしていることを表しています。
・❸と❹のように身体の向きや手話の動く方向によって、意味が変わります。

（同じ場所に何度も行く）

（カメラでいろいろな物を撮る）

●スポーツの手話

サッカー

野球

バスケットボール

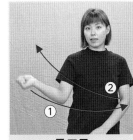

テニス

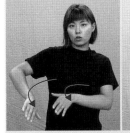

陸上競技

水泳

卓球

応用文　フラダンスの経験

どうやってフラダンスを習ったのでしょうか。

/ pt1　前々　フラダンス　習う＋＋　pt1 /
/ 先生　pt3　ダンス　見る　❶まねる＋＋　❷学ぶ＋＋/
/ フラダンス　動き　ゆっくり /　/ きこえない　大丈夫　/
/ 後を追う　まねる＋＋　OK　/
/ ❸毎週　毎週　1年間　通う＋＋　習う＋＋　～した　/
/ 今　1人　できる　フラダンス　手話　似てる　ある＋＋ /
/ 例　タイヨウ　（フラの動き）　やる　pt3　/
/ ウクレレ　（フラの動き）　やる　pt3 /　/ 面白い /

以前にフラダンスを習っていました。
先生の動きをよく見てまねをして、一生懸命学んでいました。
フラダンスは動きがゆっくりなので、きこえなくても大丈夫です。
先生の後を追いかけて、まねることでできるようになりました。
1年間毎週通い続け、一生懸命に習いました。
今はひとりでもできます。手話とフラダンスは似ている動きがあります。
例えば「太陽」「ウクレレ」などです。面白いですね。

＊ ポイント ＊

繰り返し表現（強調）
同じ手話を繰り返すことで、強調しています。

❶

まねる＋＋

❷

学ぶ＋＋

この「学ぶ」は見たものを自分の目に入れていくということで、両手を使うことでより強調しています。

「毎週」の表現

❸

毎週①

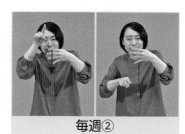
毎週②

「毎週〇曜日」というときには、毎週①のほか毎週②のように、4指を使って表すこともあり、決まった曜日に通う意味があります。

1　手話との出会い

2　語彙を増やそう

3　文法を学ぼう

4　会話の力を高めよう

やってみましょう

●今までのスポーツの経験を話しましょう

○好きなスポーツは何？　　　　　○何歳のとき？
○得意なスポーツは何？　　　　　○練習は週に何回？
○今しているスポーツは何？　　　○どんな練習？
○どんなスポーツを見ますか？

単語一覧

身体　バドミントン　小学校　大学　専門学校
部　通う　劇　映画　全部　優勝

ホームワーク

動画クラウドのホームワークに取り組み、理解度を確認しましょう

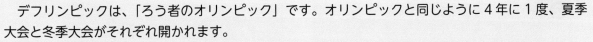

デフリンピック　●

　デフリンピックは、「ろう者のオリンピック」です。オリンピックと同じように4年に1度、夏季大会と冬季大会がそれぞれ開かれます。

　競技のルールはオリンピックとほぼ同じですが、きこえない人に向けたさまざまな工夫があります。例えば、陸上競技の100メートル走では、ピカッと光る「フラッシュランプ」でスタートを知らせます。サッカーなどでは、審判は笛を鳴らすとき、同時に旗をあげたり手をあげたりして選手に知らせます。また大会の公用語は国際手話です。

　1924年にフランスで第1回夏季大会が開かれ、100年くらいの歴史を持ちます。2025年の第25回夏季大会が日本の東京他で開催されることが決まっています。

　（参考：一般財団法人全日本ろうあ連盟「デフリンピックってなに？」
　https://www.jfd.or.jp/sc/deaflympics/about/)

第13講座 冷蔵庫を買いに行きましょう

1 手話との出会い

2 語彙を増やそう

3 文法を学ぼう

4 会話の力を高めよう

学ぶこと・基本文　形を表す表現

家にある電化製品などの形を具体的に表現することを学びましょう。

Ⓐ / 冷蔵庫　冷える　温度下がる　ない / / 新しい　買う　必要 /
うちの冷蔵庫、冷えなくなった。新しいの買わなきゃ。

Ⓑ / ボーナス　買う？ /
ボーナスをもらうから、買おうか？

Ⓐ / ❶<u>箱型　大きい　両開き</u> / / ❷<u>引き出し　2つ</u>　色　赤　希望 /
大きい冷蔵庫に両開きの扉、引き出しが2つに赤いのが欲しい。

Ⓑ / 高い　心配 / / 一緒　お店　行く　決める？ /
高いなぁ…。お店に行って決めようか？

＊ ポイント ＊

形や、それに関わる動作をすることによって、具体的に表しています。

❶

箱型＋大きい

両開き

❷

引き出し①

引き出し②

●身の回りにある電化製品の語彙を学びましょう
●物の形やそれを使うときの動作で表現することを学びましょう

＊ ポイント ＊

さまざまな冷蔵庫を表現する
●高さや幅の違いを表しましょう
●扉や引き出しの開け方を表しましょう

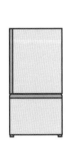

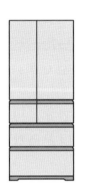

手で形を作ってみましょう。同じ四角でも、薄い紙のようなものと厚みのある冷蔵庫では表現が違ってきますね。また、扉を開ける動作で「両開き」「片開き」「引き戸」などの違いを表現することができます。掃除機にも、細長い形状のものや円形のものなどいろいろな形があります。このように物の形や動き、物を動かす様子を手話で表現する方法を「CL表現」と言います。

●色の手話

赤

青

黄

白

緑

黒

応用文　テレビの変化

テレビの進化をどのように表現しているでしょうか。

/ テレビ　昔　今　違う /
/ （かなり）昔　テレビ　❶テレビの形 /　/ つける　映像　白　黒 /
/ ❷チャンネルをまわす /
/ 今　テレビ　❸テレビの形 /　/ ❹チャンネルを変える　変わる　便利 /
/ 未来　テレビ　何？ /

テレビは変化しました。
昔は、ブラウン管型です。電源はスイッチ型で映像はモノクロです。チャンネル変更はダイヤル式でした。
今のテレビは薄型です。リモコンで操作ができ便利です。
これからのテレビはどうなっていくのでしょうか。

＊ ポイント ＊

テレビを具体的に表現
テレビの形、操作方法が、変化しています。

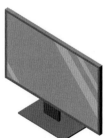

テレビの形　　つける

チャンネルを
まわす

テレビの形（薄い）　　つける

チャンネルを
変える

1 手話との出会い

2 語彙を増やそう

3 文法を学ぼう

4 会話の力を高めよう

やってみましょう

●電気店の広告などを使って話しましょう

○身の回りにある電化製品の手話を覚えましょう。

○身の回りにある電化製品の形の特徴を表しましょう。

○今、欲しいと思っている電化製品は何でしょう。

　　形は？　色は？　メーカーは？　値段は？

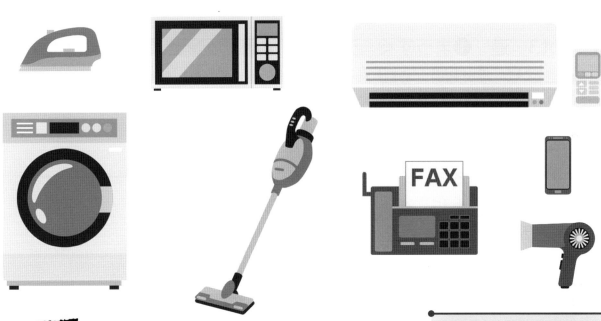

単語一覧

電子レンジ　電気　電気掃除機　クーラー　暖房　ドライヤー
アイロン　古い　形　思う　かまわない　不便

ホームワーク

動画クラウドのホームワークに取り組み、理解度を確認しましょう

1 手話との出会い

2 語彙を増やそう

3 文法を学ぼう

4 会話の力を高めよう

コラム

昔の買い物・今の買い物 ●

　今ではスマホ決済やICカードなどでのキャッシュレス化が進んでいますが、レジスターが無く現金払いが主だった頃は金額を言われてもきこえないため、多めにお札で払っているうちに財布がおつりの小銭だらけになったという経験がろう者にはよくありました。

　テレビや映画、SNSの影響できこえない人とのコミュニケーションに対する理解が広がり、コロナ禍の中で店員がマスクを着用するようになりましたが、きこえない人と分かると外して話してくれることも見かけるようになりました。店員と会話をするとき、筆談するほか、スマホの音声認識アプリを使ったり、文字入力したスマホの画面を見せたりさまざまな工夫をしています。また買い物をするときは、インターネット（SNSやYouTube）を使って口コミ情報を収集し、オンラインショップで購入するという人もいます。

第14講座

家の近くのことを話しましょう

学ぶこと・基本文　行き方を説明する表現

「まっすぐ」「左折」「右折」などの表し方を学びましょう。

Ⓐ ／ pt1　郵便局　行く　～したい／／行く　方法　分かる　pt2？／
郵便局に行きたいんだけど、道順は分かる？

Ⓑ ／ pt3　道　❶まっすぐ　交差点　左折　コンビニ　ある　pt3 ／
／ となり　郵便局　pt3 ／
この道をまっすぐ行くと交差点がある。それを左に曲がるとコンビニのとなりにある。

Ⓐ ／ 分かる　ありがとう／
分かった。　ありがとう。

Ⓑ ／ 道　まっすぐ／
／ 交差点　❷右折　❸マンション　pt3　3階　pt1　家／
右に曲がったところのマンションの3階に住んでるんだ。

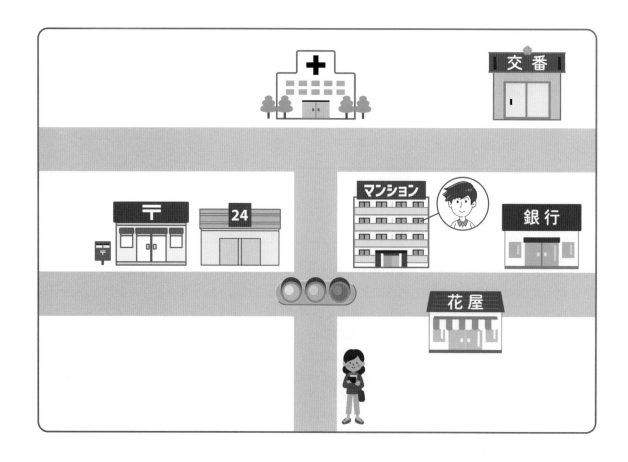

●公共施設などの建物に関する語彙を学びましょう
●位置や方向を使って場所を表しましょう

＊ ポイント ＊

自分のいるところを起点として建物のあるところまでの道順を空間で表しています。

真っすぐ	交差点	左折

右に曲がったところにある

「マンションの3階」は、建物を表した後「3」を上にあげて表します。

建物（マンション）	3階

応用文　行き方の説明

図書館にはどうやって行くのでしょうか。

/ ❶図書館　行く　方法　何 /
/ 歩く　遠い　時　30分 / / バス　良い　時　5分 /
/ バス停　場所 / / ここ　出る　まっすぐ　歩く /
/ 信号　❷交差点　コンビニ　pt3　となり　バス停 /
/ 時　1時間　4〜5　ある　調べる　乗る　良い /

図書館への行き方ですが、歩くと遠いです。30分
かかります。バスで行くと5分で行けます。
バス停は、ここを出てまっすぐ歩いて信号を渡りま
す。角にコンビニがあってそのとなりがバス停です。
バスは1時間に4〜5本あります。時間を調べて乗
るといいですよ。

＊ ポイント ＊

「何？」の後に説明
「何？」で首の動きを一旦止め、あとの文でその内容を説明する方法がよく使われます。

❶

| 図書館 | 行く | 方法 | 何 |

❷

| 交差点 | コンビニ | となり | バス停 |

やってみましょう

家の近くにはどんな建物や公共施設があるでしょうか。
最寄りの駅や停留所から自分の家までの道順の地図を描いて、
行き方を話してみましょう

単語一覧

突き当たり　乗る　川　海　谷　交番　警察署
商店街　ホテル　旅館　公園　銀行　教会　役所
消防署　福祉センター　公民館

ホームワーク

動画クラウドのホームワークに取り組み、理解度を確認しましょう

コラム

ろう者の文化芸術 ●

　ろう者は舞台・劇を楽しむためにさまざまな工夫を必要とします。セリフはステージのスクリーンに字幕を表示させる方法や、最近は手元の端末で字幕を見る方法もとられています。また舞台上に手話通訳者が立つ場合はセリフや音の情報を通訳することに加え、ときには1人の出演者としてともに演じる試みもあります。

　他にも残存聴力を活用した赤外線補聴システムや、体感音響システムで音を楽しむ難聴者もいます。本人の必要とするサポートに合わせることが大切です。

　また、ろう者自身が表現者として演劇やダンスなどさまざまな活動に取り組んでいる例もあります。「みんなで一緒に舞台を楽しみたい」という願い、必要なサポートの理解が広がり、互いに豊かな文化生活へとつなげられるといいですね。

第15講座　旅行に行きましょう

1 手話との出会い

2 語彙を増やそう

3 文法を学ぼう

4 会話の力を高めよう

学ぶこと・基本文　旅行の経験

旅行の語彙を増やして、見たり体験したりしたことを表しましょう。

Ⓐ ／ 5月　連休　旅行　行く　どこ？ ／
5月の連休、旅行はどこへ行ったの？

Ⓑ ／北海道／
北海道！

Ⓐ ／いつ？／
いつ？

Ⓑ ／ 5月1～5 ／ ／pt1　家族　両親　合わせる　6人　行く／
5月1日から5日。私の家族と両親と合わせて6人で行ったの。

Ⓐ ／行く　方法　飛行機？／
飛行機で行ったの？

Ⓑ ／飛行機　2時間／ ／（飛行機）着く　車　ワゴン　借りる／
／ pt1　運転／ ／❶道　広い／ ／運転　快適／
飛行機で2時間、着いたらワゴン車を借りたの。広い道を気持ち良く運転できたよ。

Ⓐ ／おいしい　食べる　何？／
食べ物は何がおいしかった？

Ⓑ ／いろいろ／ ／❷丼　イカ　エビ　カニ　のせる＋＋　おいしい　pt3
いろいろあったよ。丼にイカ・エビ・カニがどっさり盛られていておいしかった！

●旅行に関する語彙を学びましょう
●動詞や名詞を先に出す表現を学びましょう

＊ ポイント ＊

動詞や名詞を先に表す

「広い・道」よりは「道・広い」のように、名詞や動詞を先に出してから形容詞や形容動詞を表す表現を学びましょう。

| 道 | 広い | 運転 | 快適 |

例）「青いきれいな海」 ⇒ ／ 海　青い　きれい ／
　　「60 インチの大きなテレビを買った」⇒ ／ テレビ　買う　大きい　60 ／
　　「スムーズに運転できた」⇒ ／ 運転　車（前に進む）　スムーズ ／

「丼」の CL 表現

丼にどのように盛られているのか、表しています。
おいしそうな表情にも注目しましょう。

| 丼 | （イカ・エビ・カニが盛られている様子） |

応用文 旅行の計画

どんな旅行を計画しているのでしょうか。

/ 今度　❶<u>8月　1　から　7</u>　1週間　旅行　行く /
今度、8月1～7日の1週間、旅行に行きます。

/ 場所　東北　青森　秋田　山形　宮城 /
東北地方の青森、秋田、山形、宮城です。

/ 一緒　誰　ろう　友達　❷<u>4人</u> /　<u>/pt3（4人）　趣味　同じ</u> /
メンバーは、ろうの友達4人です。皆さん、同じ趣味です。

/ 祭り　見る　初めて　温泉　行く　楽しみ /
お祭りを見るのは初めてで、温泉も楽しみです。

/ ホテル　安い　探す /
ホテルは安いところを探しています。

/ 予算　いくら　1人　60,000　円　想像 /
予算は1人6万円くらいです。

＊ ポイント ＊

出発日はいつから？
行先はどこ？
予算はいくら？
何が楽しみ？

＊ ポイント ＊

○月○日～○日の表現

8月1日　　から　　8月7日

8/1 と 8/7 の位置をずらして表現しています。
「8/1 から 8/7」と「から」の手話を使う場合と「8/1 ～ 8/7」と「～」を書く場合とでは、動きの方向が変わります。どちらでも間違いではありません。

指さしの使い方
ここでは複数の人のことをさしているので、4人を囲むようにして指さします。

4人　　　pt3（4人）　　　趣味　　　同じ

1 手話との出会い
2 語彙を増やそう
3 文法を学ぼう
4 会話の力を高めよう

やってみましょう

●旅行の経験をたずねあいましょう

○いつ？　　　　　○何を見た？

○どこへ？　　　　○何をした？

○誰と？　　　　　○何を買った？

○交通方法は？　　○何を食べた？

●旅行の計画を立てましょう

○場所は？　　　　○食事は？

○出発日は？　　　○観光は？

○何日間？　　　　○予算は？

単語一覧

東北　関東　北信越　東海　近畿　中国　四国　九州　観光
貸す　狭い　いろいろ　探す　土産　楽(らく)

ホームワーク

動画クラウドのホームワークに取り組み、理解度を確認しましょう

コラム

ろう者の旅 ●

　ひと昔前までは、障害者は介助者同伴でないと旅行の申込やホテルの宿泊もさせてもらえず、ときにはホテルにも入れないなど、自由に旅を楽しむことができませんでした。しかし今ではインターネットなどを活用して国内旅行や海外旅行を計画して楽しんでいるろう者がたくさんいます。
ホテルの従業員が手話を学んで接客する、声で話す説明の内容を文字資料にして渡したりするなど理解が広がりつつあります。
　また、手話通訳つきガイドを申し込むことができる観光地、ろう者が手話でガイドをする観光地もあります。手話を交えての巧みな説明を見るのも旅の醍醐味の一つです。

病気やけがについて話しましょう

学ぶこと・基本文　身体の状態を伝える表現

痛むところや治療の様子を表してみましょう。

Ⓐ ／ 入院？ ／
入院したんだって？

Ⓑ ／ そうそう ／　／ 前　退院　～した ／　／ 今　身体　元気　大丈夫 ／
そうそう。先日、退院したの。今は大丈夫、元気です。

Ⓐ ／ 病気　何？ ／
なんの病気だったの？

Ⓑ ／ ❶胃　突然　痛い ／　／ 注射　点滴　痛い　消える ／
胃が突然痛くなって、注射と点滴を受けたら痛みがひいたの。

Ⓐ ／ ❷薬　きちんと　飲む？ ／
薬はちゃんと飲んでるの？

Ⓑ ／ 当然 ／　／ 毎日　きちんと（錠剤）飲む ／
もちろん、毎日きちんと飲んでいるよ。

Ⓐ ／ （身体）大事 ／
お大事にね。

●医療に関する手話

入院	退院	注射	点滴

●病気や健康に関する語彙を学びましょう
●身体の状態を具体的に伝える表現を学びましょう

＊ ポイント ＊

❶痛みを身体の部位を指さして表します

「おなかが痛い」「頭が痛い」身体の部位を指さし、その近くで痛いと表します。
痛さの程度を手指の強弱や表情で表すことができます。

頭　痛い　　　　　　肩　痛い　　　　　　　　　　足　痛い

❷薬の飲み方を表します

錠剤か粉末など薬の形状によって飲み方が異なります。
見て分かる表現を心がけましょう。

薬　　　　　　　　きちんと　　　　　　飲む

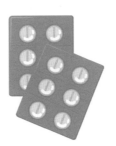

1 手話との出会い

2 語彙を増やそう

3 文法を学ぼう

4 会話の力を高めよう

応用文　病気やけがの経験

病気やけがの経験を話しています。どんな経験をしたのでしょう。

❶ / pt1　この前　病院　行く　驚く　何？ /
/ 受付　番号　紙　もらう　pt3　番号（CL）出る　pt3　分かる /
/ この前　看護師　口　（口の動き）（見る様子）　大変 // 今　便利 /
私、この前病院で驚いたことがありました。
受付で番号の紙をもらったら、その番号がモニターに出て分かるんです。
前は、ずっと看護師さんの口を見ていて大変だったけど今は便利になりました。

❷ / バレーボール（練習の様子）　❶転ぶ　腕　痛い /
/ 病院　レントゲン　調べる　結果　骨折 /
/ ❷固い（ギプス）　包帯　巻く（腕を吊る）　手話　不便 /
バレーボールの練習中に転んで腕を痛めました。
病院でレントゲンを撮ってもらうと骨折していました。
ギプスをつけて、包帯で腕を吊るして、手話ができず不便でした。

＊ ポイント ＊

様子を表す
けがをしたときの様子

❶

転ぶ　　　　　　　　　　腕痛い

手当てをした様子

❷

固い　　　　ギプス　　　　包帯を巻く

やってみましょう

●病院に行った経験を話しましょう

○なぜ行きましたか
- 風邪 ・腹痛 ・けが ・骨折
- 健康診断 ・予防接種 ・出産 ・入院
- 手術 ・お見舞い ・発熱

○病院ではどんなことを聞かれますか？

単語一覧

けが 通院 ほっとする 風邪 治る 診察 手術
目 口 鼻 歯 耳 喉 首 肩 胸 お腹 腰 手 足
皮膚 結果

ホームワーク

動画クラウドのホームワークに取り組み、理解度を確認しましょう

集団健康診断について ●　コラム

　健康診断は、生活習慣病をはじめ、さまざまな病気の早期発見・早期治療はもちろん、病気そのものを予防することを目的として行われています。「息を吸って、止めて、吐いて」、「手を強く握って」などの、技師や看護師の指示がきこえない人には、配慮が必要です。文字やイラストを使ったり、照明を点滅させたり、手を上げたりするなどの合図を使って伝える方法が取られるほか、モニターによる表示システムも開発されています。

　また、手話通訳者が同行し、きこえない人たちの集団健診を実施している地域があります。手話通訳者がいることで、技師や看護師、医師と円滑に意思疎通を図ることができるため、きこえない人たちが自分の健康状態を把握し、主体的に健康管理を行うことができます。このようにきこえない人が安心して健康診断を受けられるようにする必要があります。

イベントの計画を立てましょう

学ぶこと・基本文 否定の表し方

否定の表し方を学びましょう。

Ⓐ ／手話　サークル　3年　記念　パーティ　ある／　／pt2　知ってる？／
手話サークルの3周年記念パーティがあるよ。知ってる？

Ⓑ ／（首振り）❶連絡　ない　いつ？／
ううん、連絡ないよ。いつ？

Ⓐ ／10月　26　土曜　夜　時　7　から／
10月26日　土曜日　夜7時から。

Ⓑ ／酒　苦手　pt1／
私、お酒苦手。

Ⓐ ／（首振り）pt1　車　❷飲む　できない／
／他　❸飲む　ない　❹pt3++　いる／
私も車だから、飲めない。他にも飲まない人もいるよ。

Ⓑ ／分かる　参加／
そうか、参加する！

Ⓐ ／会費　安い／　／2,500　円／
会費は安いよ。2,500円。

＊ ポイント ＊

3桁や4桁の数を表してみましょう

2,500

●行事やイベントに関する語彙を学びましょう
●否定の表し方を学びましょう

✳ ポイント ✳

否定の表現

「連絡ない」
否定を表す［首振り］が入っています。

（首ふり）	連絡	ない

「飲めない」
不可能を表します。

「飲まない」
自分の意思として「否定」を表します。

飲む	できない	飲む	ない

複数の人をさす

飲まない人が複数いることを、指さす位置を変えて繰り返すことで表しています

飲む	ない	pt3	pt3

応用文　イベントの話

会社の仲間が集まったことを話しています。

/ 前　7月　20　会社　仲間　集まる /
/ 場所　どこ　川口　家 /
/ pt3　新しい　建つ　きれい /
/ 時　5　集まる　準備 /　/ pt1　買い物　担当 /
/ 家族　来る　来る　来る /　/ 大人　子ども　合わせる　14人 /
/ 高橋　来る　ない　残念 /
/ 料理　出る＋＋　お腹いっぱい /
/ 話す　楽しい　あっという間　時　10　終わる /

この前7月20日、会社の仲間が集まった。
川口さんの家で、新築できれいだった。
5時に集まって準備開始。私は買い物担当。
家族が次々とやってきて、大人子ども総勢14人だった。
高橋さんは来なかった。残念。
料理が次々と出されお腹いっぱいになった。
楽しく話していると時間はあっという間で、終わったのは10時だった。

＊ ポイント ＊

「来る」のバリエーション
来るの単語を繰り返すことで、いろいろな方向から来ることを表しています。たくさんの人が、一度に来たのではなく、ばらばらとやって来たことが分かります。

家族

来る

来る

やってみましょう

●イベントの計画を立てましょう

○いつ？　　　　　　○参加目標は何人？
○場所は？　　　　　○飲み物は何がある？
○目的は何？　　　　○食べ物は何？
○会費はいくら？　　○お楽しみは何？
○締切はいつ？

●どんなイベントか、疑問詞を使ってたずね合いましょう

●地域団体等の行事のチラシを見て話し合いましょう

単語一覧 ▶

行事（イベント）　計画　大会　申込　他　締切　注文　人
バーベキュー　片付け　残念

ホームワーク ▶

動画クラウドのホームワークに取り組み、理解度を確認しましょう

世代間の手話 ●────────────── コラム

　世代によっても手話は変わります。例えば、「テレビ」は時代が進むとともに表現が変わってきました。また、同じろう学校に通っていた仲間だけで通じる手話もあります。ろう学校の中で先輩と後輩が交流できていると手話が受け継がれますが、年齢差が大きくなると手話が違ってきます。手話にも若者言葉が見られます。同じ地域の高齢者と青年の手話表現が違っても、どれも間違いではないのです。テキストで学ぶ手話とろう者が使う手話が違っていてもどちらも間違いではありません。それぞれの生きてきた時代背景と合わせて手話表現を受け取め、世代や地域による手話の違いも楽しんで学んでください。

学校のことを話しましょう

学ぶこと・基本文　他の人が話したことを伝える

「先生が言った」のように、他の人が話したことを伝えるときの表現を学びましょう。

Ⓐ / pt1　子ども　とき　夢　何？ /
子どもの頃の夢は何だった？

Ⓑ / pt1　夢　バス　運転 /
子どもの頃の夢は、バスの運転手だった。

Ⓐ / 今　夢　成功　pt2　すごい /
今、夢がかなったんだね。すごい！

Ⓑ / pt1　小学校　とき　❶先生　言う /
/ pt1　友達　pt3　ろう　バス　運転　pt3 /
/ 後　本当　会う　男　pt3 /
/ ❷ろう　大丈夫　がんばる　pt1　言う /

小学部の時、先生が「僕の友達にろうのバス運転手がいる」と言っていた。
その後、実際にその人に会って「ろう者でも大丈夫だ。がんばって。」と言って
もらった。

Ⓐ / （反応）運　良い　pt2/
へぇ〜、それは運がよかったね！

●学校に関わる語彙を学びましょう
●他の人が話したことを伝えるときの表現を学びましょう

＊ ポイント ＊

「言う」の動きの方向

言うは、先生の手話の位置から自分に向かって表しています。

❶

先生　　　　　　　　言う

❷

    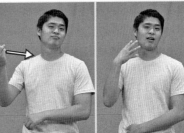

ろう　　　大丈夫　　　がんばる　　　　　　言う

●学校に関する手話

先生　　　　生徒（学生）　　　　発表　　　　　　修学旅行

応用文　子どものこと

子どもとの関わりについて話しています。

/ pt1　育つ　歴史　好き　pt1 // 今　かたい /
/ 息子　小5　同じ /
/ 最近　寺　神社　（一緒に）行く＋＋ /
/ pt3　言う　夏休み　自由　研究　ある /
/ 全国　寺　行く＋＋　希望　❶言う　pt3 /
/ ❷ pt1　似る（遺伝）　うれしい /

私は子どもの時からずっと歴史が好きです。

小学校5年生の息子も歴史が好きです。

最近、よくお寺や神社に一緒に行きます。

息子は夏休みの自由研究で全国のお寺に行きたいと言います。

私に似たのがうれしいです。

＊ ポイント ＊

「言う」の位置と動きの方向

❶

言う

pt3

息子のいる方向から言うの手話を表しています。

「似る」の表現

❷

pt1

似る

やってみましょう

●子どもの時の思い出を話しましょう

　○好きだった遊びは？
　○叱られた思い出は？
　○けがをした経験は？
　○修学旅行の思い出は？

●友達、先生、親などに言われたことを、
　動詞の位置・方向や指さしを活用して話しましょう

単語一覧

思い出　勉強　給食　放課後　発表会
文化祭　運動会　修学旅行

ホームワーク

動画クラウドのホームワーク
に取り組み、理解度を確認し
ましょう

ろう学校のこと　コラム

　2006(平成18)年に学校教育法が一部改正され「特別支援教育制度」へと移行しました。これにより聴覚障害児が対象の学校は、ろう学校または聴覚特別支援学校だけではなく、複数の障害を対象とする総合支援学校にも広がりました。ろう学校では、長く口話中心の教育が行われてきましたが、1993(平成5)年に文部省(当時)は、手話を言語として認知し、教育の手段として位置づけました。就学前の教育相談、幼稚部から高等部による構成が中心で、専攻科を設けている学校もあります。
　またろう学校の幼稚部、小学部を卒業後に地域の学校に進学する子どもが増え、ろう学校の児童生徒の人数は減少してきています。ろう学校では教科学習の他に、障害による学習上・生活上の困難を改善するための指導の時間が設けられ、地域の学校との交流教育も行われています。

仕事のことを話しましょう

学ぶこと・基本文　「必要」・「不要」

「〜しなければならない」「〜しなくてもいい（〜する必要はない）」の表現を学びましょう。

Ⓐ ／明日　仕事　東京　行く／
明日は仕事で東京に行くの。

Ⓑ ／仕事　何？／
お仕事は何をされてるの？

Ⓐ ／薬　関係　仕事／❶本社　ビル　pt3　東京／
／❷月　1　行く＋＋　必要／
薬関係の会社に勤めてるの。本社が東京にあって、
月1回行かなくちゃならないんです。

Ⓑ ／（反応）お疲れ様／
それは大変ね。

Ⓐ ／pt2　仕事　何？／
あなたは何の仕事をされているんですか。

Ⓑ ／パン　店　仕事　pt1／
パン屋をやってるの。

Ⓐ ／（反応）朝　早い　大変／
へぇ〜、朝早くて大変ですね。

Ⓑ ／（うなずき）朝早い　店　開く　朝　4　店　仕事　作る　準備／
そう。朝早く開店するので、4時から準備をするの。

／今　息子　夫婦　任せる／　／❸pt1　行く　不要／
今は息子夫婦に任せてるから、私は行かなくてもいいの。

●仕事に関わる語彙を学びましょう
●「〜しなければならない」「〜する必要はない」の表現を学びましょう

＊ ポイント ＊

空間を指さす「pt3」

東京の前の指さし pt3 は、空間に表した本社をさしています。

❶

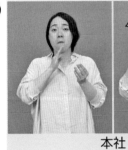

| 本社 | pt3 | 東京 |

「動詞」＋「必要」

❷

| 月（1か月） | 1回 | 行く |

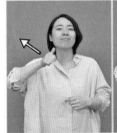

| 行く | 必要 |

動詞＋必要
「〜しなければならない」

「動詞」＋「不要」

❸

| pt1 | 行く | 不要 |

動詞＋不要
「〜する必要はない」
「〜しなくてもよい」

応用文　私の働き方

最近の働き方について話しています。

/ 今　会社　仕事　方法　変わる　何？ /
/ ❶会社　毎日　行く ++ （首振り）　不要 /　 / 家　仕事 /
/ 自分　時間　調整　できる /
/ 仕事　問題　ない　スムーズ /
/ 家族　一緒　時間　増える /
/ 時　❷4　オンライン　今日　仕事　内容　報告　必要 /
/ 会社　行く　pt3　週　1/
/ 会社　みんな　会う　減る　寂しい /

今、会社の仕事のしかたは変わってきています。
毎日出勤する必要はありません。家で仕事をします。
自分で時間の調整も工夫できますし、
仕事は問題なくできます。
家族と一緒に過ごす時間もできます。
４時にはビデオ通話で仕事の内容を報告しなければなりません。
会社に行くのは週１日だけです。
会社のみんなと会う機会が減ったのは寂しいです。

❶

   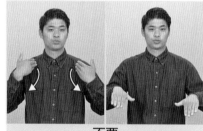

会社	毎日	行く	不要

❷

４時	オンライン	仕事	内容	報告	必要

やってみましょう

●あなたの仕事の経験や、やりたい仕事について話しましょう

○始まる時間は？　　　○仕事で楽しいことは？
○通勤の方法は？　　　○仕事で大変なことは？
○職場の人数は？　　　○やってみたい仕事は？

単語一覧

相談　係長　課長　部長　社長　同僚　役員　上司　部下　理容
美容　ガソリン　弁護士　IT　工場

ホームワーク

動画クラウドのホームワーク
に取り組み、理解度を確認し
ましょう

ろう者の仕事　今昔　●　コラム

　ろう者の仕事は、かつては木工、和裁、印刷業など、職業選択の幅は限られたものでした。1955年から1973年頃までの高度経済成長期、1960(昭和35)年に障害者雇用促進法が施行され工場の生産ライン、銀行など大企業にも働く場が広がっていきました。また、2001（平成13）年に障害者等に係る欠格事由の適正化等を図るための医師法等の一部を改正する法律が施行され、絶対的欠格条項が撤廃されたことにより、医師や看護師、薬剤師などの資格が取れるようになりました。このようにろう者の働く場が広がってきたのは、全日本ろうあ連盟をはじめとする当事者の粘り強い運動があったからです。
調べてみましょう：「障害者雇用促進法」「欠格条項」「障害者差別解消法」

第20講座 1年間の思い出を話しましょう

学ぶこと・基本文　1年間の思い出

友達同士で、1年間の楽しかった思い出を話しています。

Ⓐ ／今年　楽しい　思い出　ある？／
今年は何か楽しかった思い出ある？

Ⓑ ／夏休み　富士山　登る　～した／／夫　娘　pt1　3人　登る／
夏休みに夫と私と娘の3人で富士山に登ったこと。

Ⓐ ／富士山　すごい／／pt2　娘　小学生　大丈夫？／
富士山、すごい！　娘さん、小学生でしょ。大丈夫だった？

Ⓑ ／娘　元気／／❶<u>夫　息切れ（ハアハア）　pt3</u>／
娘は元気だったけど夫の方が息切れしてた。

Ⓐ ／（反応）／／富士山　来年　❷<u>行く　予定　pt1</u>／
／橋本　女　一緒　行く／
そうなのね。私も来年富士山に橋本さんと一緒に行く予定。

／❸<u>女　登る　速い</u>　pt3　ついていく　できる？　心配　pt1／
橋本さんは登るの速くて、ついていけるか心配。

＊ポイント＊

主語を表す文末の指さし
疲れているのが「夫」であることを、文末に「指さし」を入れて表しています。
この場合、さしているのは夫を表現した空間です。

 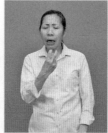  

夫　　息切れ（ハアハア）　　pt3

1 手話との出会い
2 語彙を増やそう
3 文法を学ぼう
4 会話の力を高めよう

● 11 講座〜 19 講座までのまとめの学習です

●これまで学んだことを活かして、1 年間の思い出を話しましょう

＊ ポイント ＊

「自分」を表す文末の指さし
自分が行くことを、文末の指さしで表しています。

行く　　　　予定　　　　pt1

人物の表し方
「橋本さん」は、2 回目は「女」と表しています。

女　　　　　　登る　　　　　　速い

「動詞」＋「終わる」・「予定」

行く　　終わる　　　　行く　　予定

過去に体験したことを話すときには、動詞＋終わる（写真は「行った」）

これからやることを話すときには、動詞＋予定（写真は「行く予定」）

応用文　1年間のこと

1年間の印象的な出来事を話しています。

❶ / 今年　思い出　何　母　転ぶ　足　骨折　入院 /
/ 心配　pt1　病院　行く++　世話++　1か月 /
/ 退院　後　歩く++　pt1　世話 // 今　治る　ホッとした /

今年の思い出といえば、母が転んで骨を折り、入院したことです。
心配で1か月間世話をしに病院に通いました。
退院後、歩く練習にも付き添いました。今はもう完治しホッとしています。

❷ / pt1　今年　職場　変わる /
/ 前　遠い　JR　乗り換え　バス　1時間 /
/ 今　10分　近い /　/ 自転車　買う　考える /
/ 細い道　自転車　pt1　快適 /

今年、職場が変わりました。
前は、遠くてJRとバスを乗り継いで1時間かかっていました。
今は近くなって10分です。自転車を買おうか考えています。
自転車で細い抜け道を通っていくのが、気持ちがいいです。

❸ / pt1　絵　描く　好き /
/ 家　近い　川　行く　描く　する　pt1 /
/ 山　山　季節　変わる　見る　心地よい /
/ 春　ピンク　萌える　散る　緑　萌える
心地よい　描く　する　pt1 /

絵を描くのが好きです。
家の近くの川に行き、絵を描きます。
山々は季節ごとに変わるのが良いです。
春には（桜の）ピンク、散った後に新緑が萌え、
それがとても好きで絵を描くのです。

1 手話との出会い　2 語彙を増やそう　3 文法を学ぼう　4 会話の力を高めよう

やってみましょう

●手話でスピーチをしましょう

①スピーチの内容を考えましょう
・伝えたいことを箇条書きにしてみましょう。

②手話でどのように表現したらよいか、考えましょう
・今まで学習した手話単語をできるだけ使いましょう。
・日本語との組み立ての違いを意識して考えましょう。
・スピーチの動画も参考にしましょう。

③スピーチの練習をしましょう
・一つ一つの手話をはっきりと表しましょう。
・相手を見て、話すようにしましょう。
・文と文の間には「間」をおきましょう。
・動画をスマートフォンなどで撮影して、振り返ってみましょう。

④スピーチをしましょう

単語一覧 ▶

昨年　引っ越し　感動　高い　安い　良い　悪い
明るい　暗い　多い　少ない　きれい　汚い　深い　浅い

ホームワーク ▶

ろう者の手話スピーチがいくつかあります。見てみましょう。

ろう者の生活②　音の情報を光、振動で ● **コラム**

　生活の中にはさまざまな音があり、きこえる人はその音によって多くの情報を得ています。ろう者の暮らしには音を見える形に変えて情報をとらえるためのさまざまな工夫があります。例えば、屋内信号装置があります。インターフォンの音や赤ちゃんの泣き声、FAX の着信音などを光や振動に変えて知らせるものです。また振動で起こしてくれる目覚まし時計、強い光で知らせる火災報知器などがあります。スマートフォンの光や振動の機能を活用している人もいます。

1 手話との出会い
2 語彙を増やそう
3 文法を学ぼう
4 会話の力を高めよう

第21講座 財布を落としてしまいました
～物の形や物の動作～

学ぶこと　CL 表現を学びましょう

物の形や動き、物を動かす様子を手話で表す CL 表現の基本を学びましょう。

●物の形

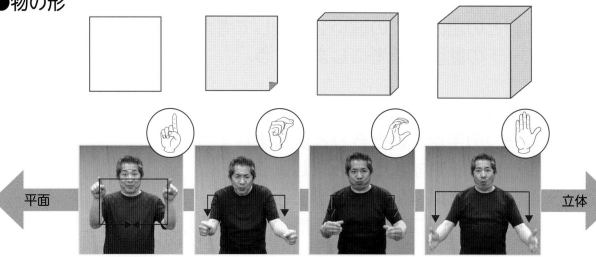

平面　　　　　　　　　　　　　　　　　　　　　立体

＊ ポイント ＊

物の形によって、表現する手の形が異なっています。
大きさの違いを表現するときは、手の動きの大きさと顔の表情に違いがあります。

●物を使う様子

①財布

チャック　　　　磁石　　　　ガマロ

②カード

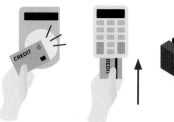 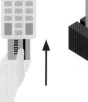

タッチ　　　差す　　　引く

＊ ポイント ＊

物を動かしている手はどのように動いているか、考えてみましょう。

●物の形や動き、物を動かす様子を手話で表現する CL 表現を学びましょう

基本文　財布を落とした話

落としたのはどんな財布でしょう？

🅐　／財布　消える（失くなる）後悔／
財布を失くしちゃった。

🅑　／なくなる？／
失くしちゃったの？

🅐　／想像　道　歩く（CL）　❶(財布を)落とす　かも／
道に落としたのかも？

🅑　／❷財布　チャック？／
財布はチャックのだよね？

🅐　／違う　新しい　買う　〜した／　／色　茶色　❸長方形　折り畳み　pt3／
違う。新しいのを買った。茶色で、折り畳みの長財布。

🅑　／分かる／　／もし　探す　パー（見つからない）　交番　行く　良い／
了解。もし、探しても見つからなかったら交番に届けよう。

＊ ポイント ＊

財布の形や動きを具体的に表現する

❶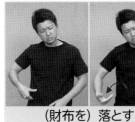

(財布を) 落とす

財布がポケットから落ちる動きを表しています。

❷

チャック

チャックを開け閉めする手の動きを表しています。

❸

長方形　　折り畳み

財布の形（長方形で折り畳むタイプ）を表しています。

1 手話との出会い

2 語彙を増やそう

3 文法を学ぼう

4 会話の力を高めよう

応用文　ルームキーの話

カードキーの具体的な使い方を話しています。

/ ホテル　受付　鍵　もらう /
ホテルのフロントで鍵を受け取ります。

/ 鍵？　（首振り）　❶カード /
鍵は差しこむタイプでなく、カードキーです。

/ 部屋　入る　とき　❷カード　かざす　❸（ドアを）開ける /
部屋に入るときはカードをドアにかざして、鍵を開けます。

/ ❹カード　入れる　電気つく /
カードを差しこむと電気がつきます。

/ 部屋　出る　とき　❺カード　取る　忘れる　（首振り）　注意 /
部屋を出るときは、カードを取り忘れないように注意してください。

＊ ポイント ＊

❶

カード

カードキーの形を表しています。

❷

（カードキーを）かざす

❹

（カードキーを）入れる

❺

（カードキーを）取る

カードキーを操作しているときの動きを表しています。

❸

（ドアを）開ける

ドアノブを操作して回して開ける動きを表しています。

1 手話との出会い
2 語彙を増やそう
3 文法を学ぼう
4 会話の力を高めよう

やってみましょう

●表現しましょう
　○ダンボール、本、紙など四角形のもの
　○上記を使用している様子

●忘れ物や落とし物をした経験を話しましょう
　○忘れた、落とした物の形
　○見つけた方法

単語一覧

財布　カード　鍵　免許　身分証明　鞄　部屋
入る　出る（家等）　入口　電気　注意　茶色
紫色　紺色　OK　もし　コミュニケーション

ホームワーク

クラウド動画のホームワーク
に取り組み、理解度を確認し
ましょう

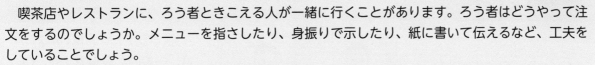

ろう者の生活③　レストランでの注文　　コラム

　喫茶店やレストランに、ろう者ときこえる人が一緒に行くことがあります。ろう者はどうやって注文をするのでしょうか。メニューを指さしたり、身振りで示したり、紙に書いて伝えるなど、工夫をしていることでしょう。
　また、きこえる人の注文はろう者に伝わっているでしょうか。声だけで注文していないでしょうか。一緒のテーブルにいる人たちが、それぞれ何を注文しようとしているのか、お互いに分かり合えることが大切です。何を食べようか迷っているときに他の人が何を注文しようとしているのかが分かると参考になりますね。注文するときはメニューを指さしながら言うとよいでしょう。

1 手話との出会い

2 語彙を増やそう

3 文法を学ぼう

4 会話の力を高めよう

おいしい店へ行きましょう
～人の動きや位置 席の配置や様子～

1 手話との出会い

2 語彙を増やそう

3 文法を学ぼう

4 会話の力を高めよう

学ぶこと 人、席の CL 表現

人の動きや様子、席の配置の様子などの表現を学びます。動画では他にもさまざまな例の表し方があります。

●人の動きや様子

人（手話）

人（CL）

人が前から来る（CL）

人が横から来る（CL）

●集団の様子

縦1列(CL)

前後2列（CL）

●席の配置の様子

席（手話）　席（CL）

隣に並ぶ席(CL)

向かい合う席(CL)

＊ ポイント ＊

1列の席 （CL）

／人（手話）／や／席（手話）／は、一般的な表現ですが、CL表現に変えることで、様子をより詳しく表すことができます。

●人の動きや様子、席の配置の様子などの CL 表現を学びましょう

基本文 ラーメン店 ▶

昼間、行列のできるラーメン店に行ったことを話しています。

Ⓐ ／ラーメン　おいしい？／
ラーメンどう？おいしかった？

Ⓑ ／OK　おいしい／　／❶<u>行列</u>　時　30分／
おいしかった。行列で30分待ったよ。

Ⓐ ／（反応）へぇー　いつも　帰り　歩き　見る　❷<u>行列</u>　ない　pt3／
／昼　行列？／
いつも帰りに店を見かけるけど行列はできていないよ。昼が人気ってこと？

Ⓑ ／pt3　店　内　狭い
　❸<u>カウンター　席　8</u>　❹<u>テーブル　2　席　2</u>／
店内は狭くて…。カウンター8席と、テーブル2卓で2席ずつ。

Ⓐ ／行く　とき　昼　違う　夕方　夜　行く　良い／
行くときは、お昼じゃなくて夕方か夜に行くのがいいね。

＊ ポイント ＊

❶人の動きや様子

行列（CL）　　　行列（CL）

30分待の行列は、行列の手を蛇行して動かすことで、行列が長く続いていることを表しています。❷の行列は一般的な表現です。

❷行列

行列

❸席の配置

カウンター（CL）　　　席8（CL）

椅子が8席並んでいることを表しています。

❹席の配置

テーブル（CL）　　　席2（CL）

テーブルの位置と椅子の位置を表しています。

応用文　講演会

講演会に行ったときの会場の様子を想像しながら見ましょう。

/ 講演会　行く　〜した /
/ とき　席　❶横並びの席　3　くらい /
/ 講師　人　隣　手話通訳　❷人 /
/ もう1人　手話通訳　席 /
/ 人＋人　❸交代 /
/ 時　15　分　くらい　交代 /
/ pt1　❹前　座る　見た /

講演会に行きました。
席は3列くらい。講師の隣に手話通訳がいました。
もう1人の手話通訳者とは交代制で、15分ほどで交代をしていました。
私は、前方に座り（手話通訳を）見ました。

＊ ポイント ＊

❶席の配置や様子
会場の座席配置で、横並びの3列の配置を表します。

横並びの席（CL）

3

❷通訳者の位置

人（CL）

会場の前の位置で、講師の横に手話通訳が立っていることを表します。

❸通訳者の動きと位置

交代（CL）

会場の前の位置と、会場の右側の端の席の位置の通訳者が交代していることを表します。

❹席の配置

前

会場の右側の端の位置に、席が1席あることを表します。

座る

自分が会場の前の席に座ったことを表します。

やってみましょう

●人の動きや様子を表現しましょう
　　方向：前、右、左、後ろ　から来る
　　人数：1人、2人、3人、4人、複数人
　　様子：集まる、並ぶ
　　組み合わせて、片手の表現、両手の表現をしましょう。

●席の配置や様子を表現しましょう
　　さまざまな会場や場所の座席、車の座席、電車の座席
　　席の配置や様子を表現しましょう。

単語一覧 ▶

会場　席　列　行列　入れ違い　講演会　講師
代える（交代）

ホームワーク ▶

クラウド動画のホームワークに取り組み、理解度を確認しましょう

コラム

CL表現はリアルに表せます ●

　「開ける」という手話は、『わたしたちの手話学習辞典Ⅰ』にはいくつか掲載されています。しかし、手話で「開ける」を表現するときは「ドアを開ける」「箱を開ける」「カバンを開ける」など、何を開けるのかによって表現を変えることが一般的です。

　さらに「ドアを開ける」1つ取っても、片開き・両開き・引き戸などいろいろなドアがあります。ドアノブの操作のしかたや、ドアに見立てた手の動きで、ドアの説明をしなくても「開ける」の表現だけで、ドアの形が大体想像できるのがCL表現の特徴です。また、勢いよく開ける、ゆっくりと開ける、建て付けが悪いドア、勝手に開いたドアなど、どのように開けたかもリアルに表せます。

　ろう者が手話で語る体験談などで、CL表現がよく出てくると思いますので、注目してみてください。

右側縦書きタブ：
1 手話との出会い
2 語彙を増やそう
3 文法を学ぼう
4 会話の力を高めよう

何か手伝いましょうか
～「誰が」「誰に」～

学ぶこと 「誰が」「誰に」の表現

手話の向きや動きの方向の変化で、「誰が」「誰に」を表します。
「誰が」「誰に」を表すことができる動詞の例)
メールする、言う、申し込む、渡す、頼む、説明する、手伝う、断る

●メールする

① 「私が」「あなたに」
　　メールをする場合

/ 明日　メール /
明日、私があなたにメールをします。

私があなたにメールする。

メール（私があなたに）

「私」から、「あなた」の方向にメールが動いているので、「私」が「あなた」にメールをすることを表します。

② 「あなたが」「私に」
　　メールをする場合

/ 明日　メール　お願い /
明日、あなたが私にメールしてください。

あなたが私にメールする。

メール（あなたが私に）

「あなた」から「私」の方向にメールが動いているので、「あなたが」「私に」メールをすることを表します。

● 「誰が」「誰に」を手話の向きや動きの方向の変化で表現できることを学びましょう

基本文　受付の手伝い

「手伝う」や「申し込む」の方向に注意して見ましょう。

Ⓐ　／受付　足りない／　／❶手伝う　できる？／
受付の人数が足りない。手伝ってくれる？

Ⓑ　／（うなずき）かまわない／　／❷手伝う／
いいよ。手伝います。

Ⓐ　／本当？　ありがとう／　／申し込む　多い／
／一般　❸申し込む　30　会員　❹申し込む　70／　／合わせて　100／
本当？ありがとう。申込者が多くて、一般申込が30人、会員申込が70人。合わせて100人。

Ⓑ　／分かる／　／受付　方法　何？／
分かりました。受付は何をするんですか？

Ⓐ　／来る　名前　確認　チェック　OK　資料　❺渡す　pt3　お願い／
人が来たら名前を確認して資料を渡す。それをお願いしたい。

＊ ポイント ＊

❶❷

手伝う　　　　　手伝う
（A発言）　　　（B発言）

手伝うの向きの方向で、「私が」手伝うのか「あなたが」手伝うのか、を表します。

❺

渡す

渡すの動きの方向で、「私が」「申込者に」渡すことを表します。

❸❹

申し込む　　　　申し込む

申し込むの位置によって、「一般」と「会員」の申込者の違いを表します。

応用文　司会の依頼の話です

講演会の司会の依頼について話をしています。

❶　/ 会議　司会　誰　良い？ /
/ 相談　佐藤　男　良い　決まる /
/ 後　佐藤　男　司会　担当　❶頼む　〜した /
/ pt3: 佐藤（首振り）無理　❷断る /　/（首振り）必要　❸説明＋ /
/ pt3: 佐藤　かまわない　承諾　〜した /

会議の司会は、相談して佐藤さんが良いということになりました。
その後、私が佐藤さんに司会をお願いしましたが、断られました。
どうしても佐藤さんが必要なんですと説明したところ、承諾してくれました。

＊ ポイント ＊

❶ 頼む

頼むの動きの方向で、私が佐藤さんに依頼をしたことを表します。

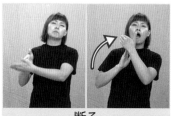
❷ 断る

断るの動きの方向で、佐藤さんが私に断ったことを表します。

❸ 説明

説明の動きの方向で、私が佐藤さんに説明することを表します。

❷　/ 本田　男　司会　❶頼む /
/ pt1　無理　❷断る /　/pt3（首振り）　❸説明 ++ /
/ 分かる　かまわない　司会　する　〜した　pt1 /

本田さんに司会を頼まれました。
私は無理だと断ったのですが、本田さんから説得されました。
私は引き受けて司会をしました。

＊ ポイント ＊

❶ 頼む

頼むの動きの方向で、私が本田さんから依頼をされたことを表します。

❷ 断る

断るの動きの方向で、私が本田さんに断ったことを表します。

❸ 説明 ++

説明の動きの方向で、私が本田さんに説明されたことを表します。

やってみましょう

●メールする、連絡する、渡す、申し込む、頼む、手伝う、呼ぶ、言う、断る　の単語を使って、会話をしましょう

例）・私からあなたに（　　　　　）。
　　・あなたから私に（　　　　　）。
　　・私から○○さん（その場にいない人）にメールをする。等

●両手を使って、申込人数、参加金額をそれぞれ同時に表現しましょう

例）大人 30 人、子ども 50 人
　　大人 1,000 円、子ども 500 円　等

1 手話との出会い
2 語彙を増やそう
3 文法を学ぼう
4 会話の力を高めよう

単語一覧

無理　手伝う　頼む　言うB　断る　説明
本当　嘘　呼ぶ　確認　チェック　資料　司会

ホームワーク

クラウド動画のホームワークに取り組み、理解度を確認しましょう

手話サークル（コラム）

手話サークルは地域のろう者とともに手話を学び交流する場で、定期的に集まって活動をしています。ろう者の話を聞いたり、高齢ろう者の暮らしを支える取り組みをしたり、地域の行事に参加するなど活動の内容はさまざまです。また手話サークルを通して、きこえる人達がろう者を取り巻く社会問題などに関心を持ち、ろう者とともに参加していくことも大切な役割です。

1979（昭和 54）年、東京で開かれた第 8 回世界ろう者会議に、当時の全日本ろうあ連盟の理事、高田英一氏と安藤豊喜氏が提出された「日本における手話通訳の歴史と理念」（高田・安藤論文）では、手話サークルはろう者ときこえる人の社会連帯の証（あかし）であり、多くの活動者を育ててきたことなどが述べられています。ぜひ一度読んでみてください。

自動販売機はどこですか?
～場所の表現～

学ぶこと　場所、位置の表現

場所や、建物内の位置を表す表現を学びます。

●場所（トイレの場所）

今いる場所から、トイレの場所を相手に説明する。

❶
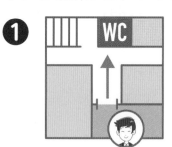

/ <u>pt3</u> 出る　廊下　歩く　場所 /
この部屋を出て、廊下を進んだところ。

❷

5階	
4階	
3階	👤
2階	
1階	WC

/ <u>pt3</u> ない /　/ 1階　ある /
この階にはない。1階にある。

❸
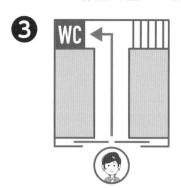

/ 自動ドア（前に進む）（左へ進む）ある /
自動ドアを入って、前に進み、左に曲がったところにある。

> **＊ ポイント ＊**
>
> 自分の位置が基本
> 自分がいる位置を基本にして、自分のいる場所（部屋、階）から、目的の場所への行き方を表します。
> 最初のpt3で、現在、自分がいる場所を示します。

●場所（建物内部の位置）

玄関フロアにいる位置で、各階を説明する。

❹

3階	スポーツトレーニング室
2階	会議室・調理室
1階	受付
地下1階	🚗🚗🚗🚗🚗
地下2階	🚗🚗🚗🚗🚗

> **＊ ポイント ＊**
>
> / ○階 / → / (部屋の名前) /
> 各階を表現した後、その階に何があるかを表します。
>
> 自分のいる階を基本にして、上の階は上の位置に動かし、下の階は下の位置に動かします。

●空間を活用した、建物内の移動、建物内の場所・位置の表現を学びましょう

基本文　自動販売機はどこですか？　

自動販売機の場所について、話をしています。

🅐　/ のど渇く　お茶　希望　自動販売機　どこ？ /
のどが渇いたからお茶がほしい。自動販売機はどこ？

🅑　/ <u>pt3　出る</u>　❶<u>左さす　廊下　歩く　突き当たり　右</u>　pt3　ある /
ここを出て左廊下をまっすぐ行った突き当たりの右側にあります。

🅐　/ <u>左さす　廊下　歩く　まっすぐ　突き当たり　右？</u> /
左廊下をまっすぐ行った突き当たりの右側だよね。

🅑　/ そうそう /　/ 他　❷<u>1階</u>　売店　飲み物　いろいろ　ある /
そうです。ほかにも1階に売店があり飲み物がいろいろあります。

🅐　/ 分かる /
分かった。

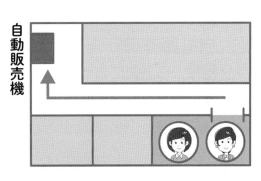

＊ ポイント ＊

❶
     ❷

左	廊下	歩く	突き当り	右	1階
左を指さすことで、左に進むことを表します。	廊下の位置を表します。	右の方向に歩くことを表します。	左の方向の突き当たりということを表します。	突き当りを右に曲がるを表します。	1階は、今いる階より下にあるので、下方に動かして表します。

応用文　今いる場所からの行き方は?

自分がいる場所の説明、自分がいる場所から目的地までを説明しています。

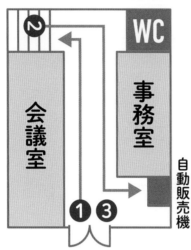

＊ ポイント ＊

❶

歩く　　pt3 (左)　　階段

入口からまっすぐに歩き、左に階段があることを表します。

❶ / 入口　pt3　いる　❶歩く　左へ行く　階段/

入口から、まっすぐ行くと、左側に階段があります。

❷ /pt3　階段　いる
❷歩く　右へ曲がる　左へ曲がる
自動販売機　ある/

階段から右側にまっすぐ行って
左に曲がると自動販売機があります。

＊ ポイント ＊

❷

右へ曲がる　　左へ曲がる

右方向に進み、その先で少し曲がることを表します。

❸ / 入口　pt3　会議室　自動販売機　隣　事務室 /
廊下　❸まっすぐ　右に曲がる　トイレ　(左へ行く) 階段 /

入口から、左に会議室、右に自動販売機、その隣に事務室があります。
廊下をまっすぐ行った右側にトイレがあり、左側に階段があります。

＊ ポイント ＊

❸

会議室　　自動販売機　　事務室　　まっすぐ　右へ曲がる　トイレ　左へ曲がる　階段

入口から見た配置に合わせて、位置を決めて表します。

入口から正面に真っすぐ進み、突き当たりの「右がトイレ」「左に階段」があることを表します。

1 手話との出会い

2 語彙を増やそう

3 文法を学ぼう

4 会話の力を高めよう

やってみましょう

●今いる部屋からの行き方を説明しましょう

例）玄関、エレベーター、
　　階段、自動販売機

●最寄り駅、お店等から
　講習会の会場までの行き方を
　説明しましょう

●ショッピングセンターの
　イラストを見て買物に行きたい
　お店を決めましょう

　・お店の場所
　・お店までの行き方
　を説明しましょう

ショッピングセンター

単語一覧

トイレ　廊下　自動販売機　地下　階段　事務室
会議室　エレベーター　エスカレーター　服
帽子　靴　室　出口　和室

ホームワーク

クラウド動画のホームワーク
に取り組み、理解度を確認し
ましょう

コラム

道案内の答え方　手話の場合 ●

　道を聞かれたときに、「この通りに沿って歩いて、2つ目の信号で右に曲がります。」と信号を使って説明することがあるかと思います。手話の場合、どちらかといえば、信号ではなく、道や建物等の目印となるものを使って説明することが多く見られます。「まっすぐ歩いていけば郵便局があるので右に曲がってください。」というような説明です。また空間での場所の位置、動きの方向が見てわかるように表す必要があります。手話は目で見る言語なので、相手に情報提供をするときに、音声言語の日本語とは違う伝え方をするときがあります。

いつがいいですか?
～スケジュールの説明と数字～

学ぶこと 日程や期間等のスケジュール

空間を活用して、スケジュールや時の経過の表現を学びます。

●連続する日程の表現

・1月、2月、3月、4月
・月曜日、火曜日、水曜日

1月	2月	3月	4月

連続する日程は、左から右へ(逆も可)位置を移動させて表します。

●期間の表現

・2月1日〜3月1日

2月1日	から	3月1日	まで	間

期間を表現するときは、/日程から日程まで間/と、/日程〜日程まで/の2種類の表現があります。

●毎週の表現

①毎週日曜日 ②毎週金・日曜日

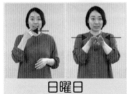

日曜日	毎週

日曜日を表現した後、左手4が毎週を表現しているので、それを触ることで毎週日曜日ということを表しています。

●第〇曜日

・第2土曜日

土曜日	第2週

写真の左手は、
人さし指:第1週
中　指:第2週
薬　指:第3週
小　指:第4週
を表します。

/第2週　土曜日/または
/第2　土曜日/と表すこともできます。

■日程変更の表現

(変更)
4月14日水曜日から
4月21日水曜日

(変更)
10月4日から
10月8日

週が変わる場合の変更は、上から下に移動して表します。その他の日程変更の場合は、左から右へ移動して表します。

●空間を活用して、時の経過・スケジュールの表現を学びましょう
●指の代理的表現を学びましょう

基本文　日程調整の話

遊びに行く日程調整の話をしています。

Ⓐ / 今度　一緒　遊び　行く？ /　/❶月　水　金　希望　❷<u>どれ？</u> /
今度、一緒に遊びに行くよね。月曜日、水曜日、金曜日のどれが良い？

Ⓑ / 毎週水曜日　アルバイト　月　金　希望 /
毎週水曜日はバイトだから、月曜日か金曜日が良いな。

Ⓐ / OK /　/ 金曜日　❸<u>第2　第4</u>　どう？ /
OK。第2、第4金曜日はどう。

Ⓑ /❹第2　希望 /
第2金曜日が良い。

Ⓐ / 分かる　決定 /　/ 行く　場所　考え　ある /
/ pt3　映画　pt3　サッカー観戦　pt3　ドライブ　どれ？ /
分かった。決まりね。行きたい場所は、映画か、サッカー観戦か、ドライブかどれが良い？

Ⓐ / <u>全部</u> /　/ 難しい　❺<u>pt3（映画）</u>　どう？ /
全部。でも難しいから映画はどう？

＊ ポイント ＊

❶
月　水　金

月 水 金と位置を移動させて表します。

❷
どれ？

どれ？は、月 水金を表現した位置を指さして表します。

❸
第2週?　第4週?

金曜日の後に、
中指：第2週
小指：第4週をさします。

❹
第2週(返答)

会話の返答のときは、第2とだけさします。

❺
全部　pt3（映画）

指の代理的表現です。
人さし指：映画を選んだことを意味しています。

1 手話との出会い
2 語彙を増やそう
3 文法を学ぼう
4 会話の力を高めよう

応用文　運動会の延期/アメリカへの留学

日程の延期と期間の表現を学びます。

❶ / 10 月　10　運動会　雨　中止 /
/ <u>延期</u>　10 月　17 /

10 月 10 日の運動会は雨のため、10 月 17 日に延期になりました。

＊ ポイント ＊

延期

1 週間延期で、来週実施なので、上から下に上下の空間で表します。

10 October						
日	月	火	水	木	金	土
					1	2
3	4	5	6	7	8	9
10	11	12	13	14	15	16
17	18	19	20	21	22	23
24/31	25	26	27	28	29	30

❷ / アメリカ　大学　留学　〜した /
/ アメリカ　pt3　9 月　学校　始まる /
/ 日本　pt3　高校　<u>3 月</u>　卒業　<u>8 月　間</u>　暇 /
/ 方法　英語　勉強　<u>9 月</u>　大学　入学　〜した /

アメリカの大学に留学しました。
アメリカでは 9 月から始まります。
日本で、3 月に高校を卒業してから 8 月までの間は暇になります。
その間、英語の勉強をして、9 月に入学しました。

＊ ポイント ＊

3 月　8 月の位置は左右の空間で表します。
3 月と 8 月の間を指さすことで、「3 月〜8 月の期間」を表します。

3 月

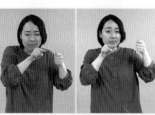

8 月　　　間　　　　9 月

3 月　8 月を表現した空間で間を表します。

8 月よりも右の位置で、9 月を表します。

1 手話との出会い　2 語彙を増やそう　3 文法を学ぼう　4 会話の力を高めよう

やってみましょう

● 1週間の生活の中で、週に何回かしていることを説明しましょう

例）買い物、スポーツジム、習いごと、趣味　等

● 1か月の生活の中で、複数回していることを説明しましょう

例）美容院、スポーツジム、習いごと、趣味、旅行　等

● カレンダーを見て、日帰りのお出かけの計画を話しましょう

例）日程、場所、やりたいこと

● カレンダーを見て、2泊3日の旅行の計画を話しましょう

例）日程、場所、それぞれの日程にやりたいこと

単語一覧

延期　延長　希望　考える　中止　カレンダー
アメリカ　日本　イギリス　中国　韓国
インド　オーストラリア　留学

ホームワーク

クラウド動画のホームワークに取り組み、理解度を確認しましょう

ろう者の組織、大会のこと ●

コラム

　皆さんがお住まいの都道府県に、名称はさまざまですが、必ずろう者の団体があります。支部もあり、地域の手話サークル等とも連携して、会員の親睦を図る行事、行政から委託を受けて手話講座や手話普及などの事業、聴覚障害者の社会参加促進のための要望交渉などを行っていることでしょう。ろう者の地域団体が加盟する全国レベルの団体としては一般財団法人全日本ろうあ連盟（略称：全日ろう連）があり、手話通訳事業の制度化、差別の撤廃、聴覚障害者の社会参加と自立の推進を目的に活動し、全国ろうあ者大会、全国ろうあ者体育大会などを開催しています。ぜひ参加してみてください。また、毎月『日本聴力障害新聞』を発行しており、誰でも購読ができます。なお、他に全日本難聴者・中途失聴者団体連合会、全国盲ろう者協会などがあります。

病院で
～指さしの使い方～

学ぶこと　指さし(pt3)の表現　▶

指さし(pt3)の表現を学びましょう。

❶【私やあなた以外の人物】

/ 小林　❶pt3　入院 /
/ 理由　pt3　お腹　痛い /
小林さんが入院しました。理由は腹痛です。

/ ❷息子　pt3　怪我 /
/ 理由　自転車　事故　❸pt3/
息子が怪我をしました。自転車で事故を起こしたためです。

> **＊ ポイント ＊**
>
> pt3 の位置は、上をさす、または下をさすことで、上下関係を表現することができます。
>
>
> ❶ 小林　pt3で上をさしているので、小林さんは立場が上と分かります。
> ※ pt3で上をさすときに、立場と関係なく、あの小林さんという意味になる場合もあります。
> pt3
>
>
> ❷【家族や肩書のある場合】息子を表した空間なので、pt3 を示さなくても上下関係を表現することができます。
> 息子
>
>
> ❸ pt3で下をさし、息子を表しています。
> pt3

❷【場所など】

/ ❶愛知　pt3　手話　できる　看護師　いる（pt3）/
愛知県には、手話のできる看護師がいます。

/ 水本　❷病院　pt3　健康診断　ある /
水本病院には健康診断があります。

> **＊ ポイント ＊**
>
>
> ❶ 愛知　pt3
> 愛知と場所の地名を表現してから、pt3 で右上を指さして表します。
>
>
> ❷ 病院　pt3
> 病院名を表現してから、pt3 で指さして表します。

❸【実際の場所をさす】

/ pt3　待つ　お願い /
ここで待っていてください。

> **＊ ポイント ＊**
>
>
> pt3　待つ
> 場所を指定して、その場所で待っていてほしいことを表します。

サイドタブ：
1 手話との出会い
2 語彙を増やそう
3 文法を学ぼう
4 会話の力を高めよう

●指さし（pt3）を使って上下関係や場所などをさす表現を学びましょう

基本文　職場で叱られた話です ▶

指さしの位置に注意して見ましょう。

Ⓐ / 昨日　先輩　呼ばれた /
昨日、先輩に呼ばれた。

Ⓑ / なぜ？ /
どうして？

Ⓐ / 打ち合わせ　内容　先輩　報告　忘れる / 　/ ❶ pt3　怒った /
打ち合わせの内容を、先輩に報告するのを忘れてしまった。先輩に怒られたんだ。

Ⓑ / へぇー / 　/ 後　大丈夫？ /
その後は、大丈夫だった？

Ⓐ / 大丈夫 / 　/ 後輩　❷山下　pt3　手伝って　もらった /
/ ❸ pt3　いる　良かった /
うん。後輩の山下さんにサポートしてもらった。山下さんがいて良かった。

Ⓑ / 山下　感謝　必要　pt2 /
山下さんに感謝しなくちゃね。

＊ ポイント ＊

指さしで上下関係を表しましょう

❶ pt3 で上をさして立場が上（先輩）ということを表しています。直前に先輩と表現した位置を指さして、「先輩」を表しています。

pt3

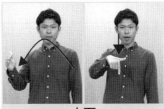 

❷

山下　　　　　pt3

山下　pt3 で下をさして山下さんは立場が下（後輩）ということを表しています。

❸ pt3 は、直前の山下　pt3 と表現した位置をさして、「山下さん」を表しています。

pt3

1 手話との出会い

2 語彙を増やそう

3 文法を学ぼう

4 会話の力を高めよう

応用文　病院での検査の話

指さし（pt3）に注意して見ましょう。

／先週　水曜日　息子　友だち　集まる　内　渡辺　男　❶pt3　頭　痛い／
／一緒　病院　行く　〜した／
／❷pt3　頭　詳しい　検査　無理／
／❸pt3　大きい　病院　検査　必要／
／❹pt3　親　pt1　説明　〜した／
／後　行く　〜した　どちら？　pt1　分からない／　／pt1　報告　待つ／

先週の水曜日、息子の友人が集まっていたとき、渡辺くんが頭痛を訴えた。
一緒に病院に行ったが、頭部の精密検査ができないため、別の大きな病院で検査をしなければならないとのこと。渡辺くんの親に連絡をした。その後、検査に行ったかどうかは分からないので連絡を待っている。

＊ ポイント ＊

❶

pt3：渡辺　　頭　　痛い

❹

pt3：渡辺　　親　　pt1　　説明

pt3は、「渡辺くん」と表現した位置をさして、「渡辺くん」を表しています。

❷

pt3：病院　　頭　　詳しい　　検査　　無理

pt3で、今いる場所（病院）を表しています。

❸

pt3：
別の病院　　大きい　　病院　　検査　　必要

pt3で、今いる場所（病院）ではなく、別の場所を表しています。

1 手話との出会い
2 語彙を増やそう
3 文法を学ぼう
4 会話の力を高めよう

やってみましょう

● （ ）内のことばを変えて、表現しましょう

① ／（ 誰が ） pt3　入院／ ／理由　pt3（ どこが ）痛い／

② ／（ 誰が ） pt3　怪我／ ／理由（ 理由の説明 ）pt3 ／

③ ／（ 場所 ） pt3　手話　できる　（ 誰が ）　いる　pt3 ／

④ ／打ち合わせ　内容　（ 誰に ）　報告　忘れた／
　／pt3　怒った・もしくは怒られた／

⑤ ／（ 誰が ） pt3　手伝って　もらう　pt3　いる　良い／

単語一覧

交通事故　怒る　先輩　後輩　詳しい　検査

ホームワーク

クラウド動画のホームワークに取り組み、理解度を確認しましょう

パンフレット「手話で Go!」 ●

コラム

　手話言語法・手話言語条例制定の取り組みは、全日本ろうあ連盟の手話言語法制定推進事業によって行われています。その啓発のためのパンフレット『手話で Go ！』シリーズが 2015（平成 27）年、2016（平成 28）年、2020（令和 2）年の 3 回発行されています。すべて連盟のホームページ【手話言語法】のサイトからダウンロードできます。「手話が使えなかった頃のろう学校の様子」「手話言語法が制定されたらこのように変わる？」など、マンガやイラストで分かりやすく描かれています。

1 手話との出会い
2 語彙を増やそう
3 文法を学ぼう
4 会話の力を高めよう

国内や海外に旅行した経験を表現しましょう

学ぶこと　過去の自分の経験を表現

ロールシフトは、過去の自分や別の人の役割を演じることです。27講座では、「過去の自分の立場」で経験したことを表現できるように学びましょう。

ロールシフトの表現なし

/ 外国　旅行　とき　<u>pt1　財布　盗まれる</u>　経験　ある /

海外旅行で、財布の盗難にあったことがあります。

ロールシフトの表現あり

/ 外国　旅行　❶<u>観光しながら歩く</u>　❷<u>人が歩く　ぶつかる　歩く</u>
❸<u>ポケットを触る　財布</u>　❹<u>ない　盗まれる</u>　経験　ある /

海外旅行で、観光をして歩いていると、前方から来た人がぶつかって通り過ぎました。
その後、ポケットを確認すると財布がなくなっていて、盗まれたと気がついたことがあります。

＊ ポイント ＊

ロールシフトありの下線部分は【過去の実際に起こった場面の自分】となって、実際に経験した行動を表しています。

❶ 観光しながら歩く

観光しながら歩いていることを表しています。

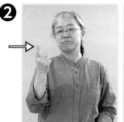

❷ 人が近づく　ぶつかる

前方から近づいてきた人が、自分にぶつかったことを表しています。

❸ ポケット触る

ポケットを触り、財布を確認していることを表しています。

❹ ない　盗まれる

財布がないと気がつき、盗まれたことに気がついたことを表しています。

●「過去の自分」の経験（行動、発言）をロールシフト（役割の切り替え）で表現することを学びましょう

基本文　富士山登頂の話

ロールシフト表現の有無とその違いを見てみましょう。

Ⓐ ／富士山　どうだった？／
富士山はどうだった？

ロールシフトの表現なし

Ⓑ ／良かった／　／富士山　登る　大変　でも
　　　徹夜（日が昇る）　きれい　感動　良い／
良かったよ。富士山を登るのは大変だったけど、朝日がきれいで感動した。

ロールシフトの表現あり

Ⓑ ／良かった／　／夜　時　2　富士山　❶リュック　杖で登る
❷息切れ　山の上　到着
❸見わたす　雲　きれい　太陽　感動　心地良い／
良かったよ。深夜2時、リュックを背負って、杖をついて登った。
息切れしたけど頑張って登った。
山頂に到着して、雲の下から朝日が昇る光景がきれいで感動した。

＊ ポイント ＊

「過去の自分」が【過去の実際に起こった場面の自分】となって、実際に経験した行動と、そのときの感情を表しています。

❶

リュック　　登る

リュックを背負い、杖を持ち、登っていることを表しています。

❷

息切れ

息切れしながら登っていることを表しています。

❸

見わたす　　　　太陽　　　　きれい

山頂で雲間から朝日が昇る景色を見て感激していることを表しています。

応用文　そば打ち体験の話です

蕎麦を作った体験を具体的に表現しています。

/ pt1　そば　好き / 　/ 前　のばす　切る　経験　〜した /
/ 最初　❶山　登る　バケツ　持つ　歩く　水　貯める　バケツ　持つ　歩く /
/ ❷こねる　のばす　切る　終わり /
/ ❸　(つゆをつけて) 食べる　噛む　おいしい / 　/ また　行く　希望　pt1 /

この前、そばが好きなので、そば打ちの体験をしてきました。
山の湧き水から、そばを打ちました（バケツで湧き水を汲む、そばをこねる、のばす、切る）。
そばを食べたときはおいしくて感動しました。
また行きたいです。

＊ ポイント ＊

❶ 「過去の自分」が実際に体験した行動を表します。
　　〈バケツを持って山を登り、水を貯めて、山を下りてくる〉

| 山を登る | バケツを持つ | 水 | 貯める | 歩く |

❷ 「過去の自分」のそば打ち経験〈そばをこねて、のばし、切る〉の行動を表します。

| こねる | のばす | 切る |

❸ 「過去の自分」がそばを噛みしめて食べている実際に経験した行動と、
　　そのときの「おいしい」と感動した感情を表します。

| つけて食べる | 噛む | おいしい |

やってみましょう

●国内・海外旅行で、「過去の自分」が経験したことを、「過去の自分の立場」になって、説明しましょう

●そのときのどのように行動をしたのか、自分が感じたことや思ったことも、「過去の自分」になって表現しましょう

例）・旅行で、感動したこと
　　・旅行で、失敗したこと
　　・旅行で、びっくりしたこと
　　・旅行で、初めてした経験　等

単語一覧

外国　盗む　経験　徹夜（日が昇る）　到着　太陽
そば　失礼　バイク　インドネシア　マレーシア
韓国　フィリピン　アフリカ　ヨーロッパ　アジア

ホームワーク

クラウド動画のホームワークに取り組み、理解度を確認しましょう

聴覚障害者情報提供施設 ● **コラム**

　聴覚障害者情報提供施設は、1991（平成3）年の身体障害者福祉法の改正により制度化されました。聴覚障害者が利用する字幕（手話）入り録画物の制作や貸出、手話通訳者・要約筆記者の派遣等を行うとともに、情報機器の貸し出し、聴覚障害者に関する相談等に係る事業を実施する施設です。設置・運営方法はまちまちですが、都道府県・政令指定都市に、2022（令和4）年4月1日現在54施設が設置されています。
　皆さんがお住まいの地域にある聴覚障害者情報提供施設は、どこにありますか。また、どんなところでしょうか。制作物（現在ではYouTube等での配信も増えています）は、きこえる人も借りることができます。

ある行事に友人と参加した経験を表現しましょう

学ぶこと 過去の自分と別の人の体験

28講座では、「過去の自分の立場」と、さらに、「別の人の立場」も加えたロールシフトを学びます。2人の行動や会話を表現しましょう。

私と友人が卓球をしたとき、友人は上手で、私は下手でした。

ロールシフトの表現なし

/ pt1　友人　一緒　卓球　〜した　pt3　友人　上手　pt1　下手 /

ロールシフトの表現あり

/ pt1　友人　一緒　卓球　〜した /
/ pt3　友人　卓球のボールを打ち返す　上手（朝飯前）/
/ pt1　卓球のボールを打ち返せない　下手　pt1/

＊ ポイント ＊

ロールシフトありの下線部分は、「過去の自分」「友人」になり、経験を説明しています。「友人」は卓球が上手くてラリーが続くこと、「過去の自分」は卓球が下手でラリーが続かない行動を表しています。

/ 友人　テニス　上手　pt3/
/ テニス　上手　なぜ？　質問 /
/ pt3 2年　前　仕事　仲間　教わる　練習　〜した / / すごい　pt3 /
/ pt1 2年　前　テニス　始めた　同じ　比べる　上（差がある）上手　pt3 /
友人はテニスが上手い。私は「テニスが上手いのはなぜ？」と聞いた。
友人は「2年前に仕事仲間から教わって練習した」と。すごいね。
私も2年前にテニスを始めたけど、彼の方が上手い。

＊ ポイント ＊

下線部分の会話は、「過去の自分」「友人」になって表します。話者が変わるときに、視線も変わります。

過去の自分

なぜ?

友人と会話をしているように表します。

友人

練習

自分

pt3

2人の会話以外の部分は現在の自分が話しているので、視線は正面を見て表します。

●「自分と別の人」の体験（行動、会話）をロールシフト（役割の切り替え）で表現する
ことを学びましょう

基本文　全国ろうあ者大会に参加した話

全国ろうあ者大会に参加した話をしています。

Ⓐ ／ pt1　先週　全国ろうあ者大会　友達　一緒　参加　〜した ／
先週、全国ろうあ者大会に友達と一緒に参加してきたよ。

Ⓑ ／ 分科会　何？ ／
何の分科会に参加したの？

Ⓐ ／ 分科会　3　ある　手話言語　災害　国際 ／
／ 友達　pt3　手話言語　❶希望　災害　国際　（否定）／
／ pt1　❷分かる ／　／ 手話言語　分科会　参加　〜した ／
分科会は3つある。手話言語、災害、国際。
友人は「手話言語が良いな。災害と国際はいいや。」と言ったから、手話言語の分科
会に参加したよ。

Ⓑ ／ 内容　どう？ ／
どうだった？

Ⓐ ／ 面白い ／ ／pt1　❸書く　質問＋ ／ ／ 他　参加者　❹見る　だけ ／
面白かった。私は一生懸命メモを取って質問をしたけど、他の参加者はメモを取ら
ず見るだけだった。

＊ ポイント ＊

「友人」と「過去の自分」になっての会話を表しています。話者が変わるときに、視線も変わります。

❶ 友人
希望

❷ 過去の自分
分かる

❸ 過去の自分
書く　質問
一生懸命書いて、
質問をしている行動を表しています。

❹ 他の参加者
見る　だけ
メモは取らず見ている行動を表しています。

1 手話との出会い

2 語彙を増やそう

3 文法を学ぼう

4 会話の力を高めよう

応用文　友人と初めてのキャンプの話です

友人とキャンプに参加した話をしています。

/ 前　友人　一緒　キャンプ　行く　～した /
/ 友人　❶<u>キャンプ　面白い　自然　気持ち良い　一緒　行く　良い</u> /
/ ❷<u>分かる</u>　初めて　キャンプ　体験　～した /
/ 友人　❸<u>キャンプ　打つ＋　料理　バーベキュー</u> /　/ できる　すごい　pt3 /
/ pt1　❹<u>枝　集める＋＋　ボウル　洗う　だけ</u> /
/ 夜　❺<u>星　たくさん　きれい</u> /
/ 感動 /　/ 友人　誘い　感謝 /

この前、私は友人と一緒にキャンプに行きました。友人から「キャンプは面白いし自然は気持ち良いよ。一緒に行こう」と誘われて、初めてキャンプに行きました。

友人は、テント設営、料理、バーベキューと全部できてすごいです。私は、小枝を拾い集めたり、ボウルを洗っただけです。夜は、星がたくさん見えてきれいで、感動しました。誘ってくれた友人に感謝しています。

＊ ポイント ＊

❶ 友人

一緒　行く

❷ 過去の自分

分かる

会話している様子を「友人」と「過去の自分」になって表しています。

❸ 友人

打つ　料理

❹ 過去の自分

（枝）集める　洗う

「友人」と「過去の自分」のキャンプ場での行動を表しています。

❺ 過去の自分

星　たくさん　きれい

「過去の自分」の行動と、そのときの感情を表しています。

星空を見ている行動と、そのときの「きれい」と感動している感情を表しています。

やってみましょう

● （　　　）内のことばを変えて、表現しましょう

① / 友人　（　スポーツ　）（　どのように　）上手 /
　 / pt1　（　スポーツ　）（　どのように　）下手　pt1 /

② / 友達　pt3（質問内容）質問 / /（回答内容）（回答を受けての反応）/

③ / （　選択1　）（　選択2　）（　選択3　）/
　 / 友達　pt3　（　最終選択　）　希望 /

単語一覧

質問　分科会　言語　災害　国際　内容　自然
枝　だけ　なーんだ　ゴルフ

ホームワーク

クラウド動画のホームワークに取り組み、理解度を確認しましょう

ろう者の家族　デフファミリーとコーダ　●　コラム

　家族全員が聴覚障害者、ろう者の家族はデフファミリーと呼ばれています。家族同士は手話でコミュニケーションを取ることが多い場合、デフファミリーの子どもは生まれたときから手話を自然に身につけることができます。（デフファミリーであっても手話が苦手なろう者もいます。）

　また、聴覚に障害のある親から生まれたきこえる子どもはコーダ（CODA：Children of Deaf Adults）と呼ばれています。両親ともきこえない場合も、一方がきこえない場合も当てはまります。きこえない親とのコミュニケーション手段は手話や口話などさまざまで、コーダの成長過程、きこえない親との関係は多様であることが報告されています。

第29講座 別の人たちの出来事や会話を表現しましょう

学ぶこと　自分以外の2人の体験を表現

「自分以外の2人」の行動や会話を表現しましょう。

❶ 兄が投げたボールが妹に当たり、妹が泣いた。

ロールシフトの表現なし

/ 兄　投げる　妹　（ボールが）当たる　泣く　pt3/

ロールシフトの表現あり

/ 兄　ボール　投げる　　妹　頭に当たる　大泣き/

＊ポイント＊

「兄」がボールを投げ、「妹」がボールが頭に当たって大泣きしている行動を表しています。

投げる

兄になって、片手でボールを投げている行動を表しています。

頭に当たる

大泣き

妹になって、
・ボールが当たる
・大泣きする行動を表しています。

❷ 「母が娘に勉強しなさいと注意している様子」を話しています。

/ 昨日　母　妹　会話　pt3　何？/
昨日の母と妹の話です。

/ 母　pt2　勉強　ない　場合　お菓子　あげる　ない /
「勉強しなかったらおやつはなしよ。」

/ （首振り）　勉強　～した /
「勉強終わったよ。」

/ （反応：ふーん）ノート　見せて /
（ふ～ん）「ノート見せて。」

/ （反応）/
（あ！）

/ 後　妹　部屋　行く　勉強　～した /
その後、妹は部屋に行き勉強しました。

＊ポイント＊

話をしている全体の話者は、兄です。下線は、「母」「妹」になり、2人が会話をしているように、2人の役割になって表します。最後の、/後　妹　勉強　～した/ は兄である自分が話をしています。

昨日

～した

見せて

最初と、最後は兄である話者が話します。視線は正面を見て表します。

視線を上に向けて目の前の母と会話をしているように表します。

視線を下に向けて目の前の娘と会話をしているように表します。

1 手話との出会い　2 語彙を増やそう　3 文法を学ぼう　4 会話の力を高めよう

● 「自分以外の2人」の体験(行動、会話)をロールシフト(役割の切り替え)で表現することを学びましょう

基本文 学習会のお弁当の相談をしています

昨日の会議の内容を話しています。

Ⓐ / 昨日 ろう協会 学習会 pt3 弁当 ついて 会議？ /
昨日、ろう協の学習会のお弁当についての会議だったよね。

Ⓑ / そう / / 会長 pt3 会計担当 pt3 意見 違う 食い違う 大変 /
そう。会長と会計担当の意見が違って、大変だった。

Ⓐ / 食い違う 何？ /
意見が違ってたって、どんなこと？

Ⓑ / 会長 pt3 ❶皆 手伝う お礼 意味 お弁当 配る 良い /
/ 会計担当 pt3 ❷予算 無い 弁当 自分 持ってくる 良い /
/ pt3 pt3 ❸意見 違う 食い違う pt1 困る /
会長は「手伝ってくれた人にはお礼としてお弁当を配布しよう」と。
会計担当は「予算がないから弁当は持参で」と。食い違って困った。

Ⓐ / 結局 どう？ /
結局どうなったの？

Ⓑ / 昨年 方法 同じ 弁当 注文 ～した /
昨年と同様に、弁当を注文することになったよ。

＊ ポイント ＊

下線部分は、「会長」「会計担当」それぞれの役割になって会話をしているように表します。話者を明確にするために、それぞれの会話の前に会長 会計担当と話者を表します。
最後の、違う 食い違う 困るは、「会長」「会計担当」ではなく、それを見ていた自分の立場で話をしています。

❶ 会長

お弁当　良い

視線は、目の前に「会計担当」がいるように表します。

❷ 会計担当

予算　ない

視線は、目の前に「会長」がいるように表します。

❸ 自分

違う　食い違う　困る

食い違いが生じて困っている自分自身を表しています。視線は、今、目の前で直接話している相手を見て表します。

応用文　詐欺被害の話

詐欺被害について話をしています。

/ 前　広がる　オレオレ詐欺　知っている？ /
/ 例えば　❶電話　息子　pt1　生活　困る　銀行　お金　振込　お願い /
/ 電話　分かる　走る　銀行　（ATM）操作 /
/ 後　詐欺　後悔　ある /
/ pt1　母　経験　〜した /
/ 母　話　❷電話　息子　pt1　お金　ない　振込　お願い /
電話　pt1　息子　ろう　電話　難しい　誰？　pt2 /
/ 電話を切る　らしい /

以前から広まっているオレオレ詐欺を知っていますか。

例えば、電話を取ると「俺、息子だよ。今、生活に困ってて銀行にお金を振り込んでくれ」と。「分かった」と言って、銀行へと走り、ATMで操作をした後に、詐欺だと分かり後悔するんです。

それを私の母が経験しました。母が言うには、電話がかかってきて「俺、息子だよ。お金がないから振り込んでほしい」と。母は「私の息子は、ろう者だから電話はしない。あなたは誰？」と返事をしたら、相手は慌てて電話を切ったらしいです。

＊ ポイント ＊

❶ 「電話をかけた人」と「電話に出た人」になり、2人が電話で会話をしているように、2人の役割になって表します。
2人が会話している最初に / 受話器を取る / の行動を表現することと、電話で話している様子の視線がポイントです。

電話越しに会話をしているように表します。

「電話を終えて、走って、銀行で入金した」行動を表します。

❷ 「電話相手」と「母」になり、2人が電話で会話をしているように、2人の役割になって表します。

電話越しに会話をしているように表します。

視線は正面を見て表します。

やってみましょう

●話の中に出てくる登場人物になって、その場面の登場人物の会話や行動、気持ちなどを、1人で表現しましょう

❶

❷

❸

❹

単語一覧

泣く　お菓子　ノート　協会　ついて　会長　会計
意見　食い違う　詐欺　騙す　困る　振り込み　ATM
後悔　けんか　ジュース　お寿司

ホームワーク

クラウド動画のホームワークに取り組み、理解度を確認しましょう

アイラブパンフ、We Love パンフ運動　●　コラム

　全日本ろうあ連盟は 1985（昭和 60）年～ 1987（昭和 62）年、手話通訳制度化の実現を願う大きな運動を行いました。「I Love コミュニケーション」パンフレットを当時の人口の1%に相当する120 万部普及に協会会員と手話サークル会員が協力しあって取り組んだのです。200 円で買ってもらい、添付のはがきを投函してもらって手話通訳制度化への世論づくりを行いました。これが手話通訳士試験制度につながりました。そして 2011（平成 23）年、「We Love コミュニケーション」パンフ・署名運動が展開されました。「I」から「We」へ。情報アクセシビリティとコミュニケーションのバリアに直面している全ての障害者を対象にした法制度を求めた運動が 2022（令和 4）年 5 月に施行された「（通称）障害者情報アクセシビリティ・コミュニケーション施策推進法」の成果となったのです。

1 手話との出会い　2 語彙を増やそう　3 文法を学ぼう　4 会話の力を高めよう

まとめ

学ぶこと　まとめ

イラスト場面の様子、人物の行動や気持ちを、学習した文法を使って表現しましょう。

Ⓐ 野菜の詰め放題

野菜の形、野菜を袋に詰めているときの動きや詰め終わった後の様子、気持ちを表現しましょう。

Ⓑ 電車内の様子

電車内が混雑している様子（人の様子、席の様子）、駅に到着して人が降りた後の様子（人の様子、席の様子）を表現しましょう。

Ⓒ メールのやりとり

手伝って!!

いいよ!!

自分・私　　佐藤さん

手話の動きの方向の変化で、「誰が」「誰に」を表現しましょう。

Ⓓ 施設の地図（自動販売機の場所）

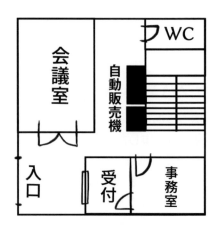

WC

会議室

自動販売機

入口

受付

事務室

空間を活用して、建物内の位置の移動、建物内の場所・位置の表現しましょう。

● 21講座〜 29講座のまとめの学習です
●これまでに学んだ文法を活用して、イラストの場面の様子や、人物の行動、気持ちなど
　を表現しましょう

🅔カレンダー

空間を活用して、スケジュールを表現しましょう。

	4 ≣					
日	月	火	水	木	金	土
				01	02 手話サークル	03
04	05 テニス	06	07	08	09 手話サークル	10
11	12	13	14 会議	15	16 手話サークル	17
18	19 テニス	20	21	22	23 手話サークル	24
25	26	27	28 会議	29	30 手話サークル	

🅕1週間の予定
自分が体験したことを話す

「過去の自分の立場」になり、具体的に体験したことをロールシフトを使ってそのときの行動や様子、感情を表現しましょう。

月曜 　水曜 　金曜 　土・日曜

🅖2人で国内旅行

過去の自分の立場だけはなく、別の人の立場も加えて、ロールシフトを使って、2人の行動や会話を表現しましょう。

1 手話との出会い
2 語彙を増やそう
3 文法を学ぼう
4 会話の力を高めよう

H 家族の様子（自分は見ている立場）

「自分以外の2人」の、ロールシフトを使って、2人の行動や会話を表現しましょう。

詐欺被害について話をしています。

応用文　初詣の話

お正月に2人で初詣に行った話をしています。下線部分の、人の様子、お参りをしている様子、私と友達と会話、おみくじを引く様子・感情等、21講座〜29講座までに学んだ文法を使って表現しましょう。

/ お正月　初詣　友達　一緒　行く　〜した /
/ 人　混雑　<u>列　進む</u> / / お参り　祈る /
/ 後　友達　<u>pt2　お願い　内容　何？</u> /
/ <u>pt1　健康　1年　お願い　〜した　pt3　内容　何？</u> /
/ <u>pt1　宝くじ　当たる　お願い　〜した</u> /
/ <u>へぇー</u> /
/ 後　おみくじ　引く　方法　<u>おみくじを振る　出る　pt3　番号　言う</u>
<u>引き出し　取り出す　もらう　読む</u> /
/ pt1　<u>大吉　うれしい</u> / / 友達　何？　凶(空書) /
/ 宝くじ　当たる　難しい /

お正月に友達と初詣に行きました。

混雑していて、列はゆっくりと進んでいきます。お参りをした後友達から「何をお願いしたの？」と聞かれたので私は「1年健康に過ごせますようにとお願いしたよ。」と答えました。友達は宝くじが当たりますようにとお願いしたようです。

その後、おみくじを振って、出た数字を伝え、引き出しから取り出してもらったのを読みました。私は大吉でうれしかったです。友達は凶でした。宝くじが当たるのは難しそうですね。

1 手話との出会い
2 語彙を増やそう
3 文法を学ぼう
4 会話の力を高めよう

やってみましょう

● 「学ぶこと」のイラストの続きを表現しましょう。

単語一覧 ▶

人参　じゃがいも　きゅうり　遊園地　水族館　初詣
お参り　祈る　神

ホームワーク ▶

クラウド動画のホームワーク
に取り組み、理解度を確認し
ましょう

コラム

ろう者の生活④　手話通訳の利用 ●・・・・・・・・・・・・・・・・・・・・・・

　ろう者の社会参加に欠かせない手話通訳制度は、1970(昭和45)年の手話奉仕員養成事業開始から、手話通訳者の養成、認定、設置・派遣の各事業が長年の運動により整備されてきました。現在は障害者総合支援法の地域生活支援事業において、意思疎通支援事業等が実施されています。市町村事業にあっては必須事業の位置づけです。意思疎通支援事業では、聴覚障害者を対象として手話通訳者の設置、派遣、要約筆記者の派遣が行われています。実施形態は地域でさまざまですが、聴覚障害者は必要とする意思疎通支援を無料で依頼することができます。派遣される手話通訳者は、各自治体が実施する手話通訳者全国統一試験などに合格して登録された人です。手話通訳派遣事業において依頼が最も多いのは医療分野です。

会話の力を高めよう① [映画]

学ぶこと　あいづちの表現

手話で会話をするときには、相手と目を合わせることや見て分かるあいづち（同意・共感）をして示すことが大切です。

●同意・共感などの気持ちを伝えるあいづち

Ⓐ / 前　見た　ろう者　劇　映画　良かった（よね？）/
Ⓑ / ❶ (うなずき)(反応：共感)　良かった /
Ⓐ / 今　広がる　ホラー　映画　予告　pt3　面白い　違う？ /
Ⓑ / ❷ (うなずき)(反応：無関心) /
Ⓐ / 興味　ない？ /
Ⓑ / ❸ (うなずき)　興味　ない /
Ⓐ / コーダ　劇　映画　どう？ /
Ⓑ / ❹ (うなずき)　見る　希望 /
Ⓐ / 決定　来週　金曜日　一緒に行く /

Ⓐ 前にろう者が出演した映画良かったよね？
Ⓑ うん、良かったね！
Ⓐ 今流行っているホラー映画の予告編見たけど面白そう。
Ⓑ そうかな…？
Ⓐ 興味ないの？
Ⓑ うん、興味ないな。
Ⓐ それならコーダが出演している映画はどう？
Ⓑ 見たい！
Ⓐ 決まりだね！来週の金曜日に一緒に行こう！

＊ ポイント ＊

あいづち

下線❶～❹のあいづちは、それぞれ異なった意味を表します。

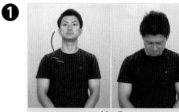

共感

映画が良かったことへの「共感」を表します。

無関心

同意

流行りのホラー映画への「無関心」を表します。

コーダの映画を観る提案に「同意」することを表します。

❸「興味ない？」の質問への返答を表します。

●映画について会話をしましょう
●会話をしやすくするためのあいづちの使い方を学びましょう
●ろう者のスピーチを見て学んだことを復習しましょう

スピーチ　映画やテレビの影響

これまでに学んだことをろう者の手話スピーチで確認しましょう。

＊ ポイント ＊

❶ / 職場　会う　おはよう　手話　表現　お疲れ様　手話　表現 /

職場

会う

職場の人

おはよう

手話

（表現される）

おはよう　お疲れ様と職場の人が手話で表現していることを、ロールシフトにより表します。

手話であいさつされたことに対して、驚いたことを表情で示します。

職場の人

お疲れ様

手話

（表現される）

表現の動きの方向は、「職場の人」が「私」に表します。

1　手話との出会い
2　語彙を増やそう
3　文法を学ぼう
4　会話の力を高めよう

＊ ポイント ＊

❷ / pt1　近所　コンビニ　pt3　行く　店員　ありがとう　手話　表現 /

近所

コンビニ

pt3

行く

コンビニの位置に人を動かして、コンビニに行くことを
表します。

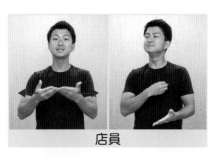

店員

ありがとう

手話

（表現される）

「ありがとう」と店員が手話で表現していることを、ロールシフトで表します。
表現の動きの方向で、「店員」が「私」に表します。
手話を表現されたことに対して、驚いたことを表情で示します。

【日本語訳】

最近、映画でろうの俳優が出演し、手話で演技をすることが増えてきました。
先日映画を見ました。ろう者の家族の話で、俳優たちが手話で話をしていてすばらしい演技をして
いました。
映画やテレビの影響は大きいですね。
❶ 職場の人も「おはよう」「お疲れ様です」と手話であいさつをしてくれますし、
❷ 近所のコンビニの店員も手話で「ありがとう」と言ってくれます。
このように広がっていくことはうれしいですね。

やってみましょう

テーマ例

「手話やろう者が出ている映画・ドラマは？」
「記憶に残っている映画・ドラマは？」

●話し合ってみましょう
　・１人１〜２分くらいで話しましょう。
　・学習した疑問詞を使って質問しましょう。
　・感想を出し合いましょう。

●講師のスピーチを見ましょう

＊ ポイント ＊

相手の目を見て話しましょう。
共感したときのあいづちなど、
話に反応をしましょう。
同感・共感などのあいづちを
しながらスピーチを見ましょ
う。

単語一覧

ドラマ　広がる（流行）　予告　興味　俳優　見事　影響
近所　笑う　DVD　インターネット　字幕　舞台　割引
つまらない　関係　関係ない

ホームワーク

動画クラウドのホームワーク
に取り組み、理解度を確認し
ましょう

コラム

会話の反応 ●

　31 講座からは「会話の力を高めよう」として、ろう者と手話で会話をするときの工夫や注意点を学
びます。音声言語の会話と同じように、手話言語でも会話する相手への配慮やマナーがあります。音
声言語では「はい」「それはすごいですね」など声であいづちを打ちますが、手話言語では、顔の表情
を伴ったうなずきや手話であいづちを打ちます。どんなあいづちを打っているのか、ろう者の会話や
動画を見て学びましょう。手話で会話をするときはあいづちも意識しましょう。

1 手話との出会い

2 語彙を増やそう

3 文法を学ぼう

4 会話の力を高めよう

学ぶこと　会話の中断と再開

内容が分からないときに話を止めて質問をしたり、会話を中断し、また再開したりする方法などを学びます。

❶ 内容が分からないときに質問する

Ⓐ /昨日　市役所　アイ・ドラゴン（手話）　申請　〜した/
Ⓑ /❶pt3　何？/
Ⓐ /ア　イ　ド　ラ　ゴ　ン（指文字）/
Ⓑ /❷早い　もう一度/
Ⓐ /ア　イ　ド　ラ　ゴ　ン（指文字）＋（機器の形：CL）　pt3 /
Ⓑ /手話　アイ・ドラゴン　へぇ /

Ⓐ 昨日、市役所でアイ・ドラゴンの申請をしたんだ。
Ⓑ この手話って何？
Ⓐ アイ・ドラゴン
Ⓑ ん？指文字が早くて読み取れない。もう一度。
Ⓐ アイ・ドラゴン。
Ⓑ アイ・ドラゴンはこの手話なんだ。

> ＊ ポイント ＊
>
> ❶手話単語が分からないときには、会話を止めて質問しましょう。
> ❷指文字が早くて読み取れないときには、もう一度表してもらいましょう。

❷ 会話を中断するときに相手に一言伝える

Ⓐ / 温泉　旅行　場所　決まった？ /
Ⓑ / まだ（ビデオ通話の着信）❶少し待って　pt3　ビデオ通話　かまわない？/
Ⓐ / かまわない　どうぞ/
　　（ビデオ通話中…終わる）
Ⓑ / すみません　❷さっき　話　何？/
Ⓐ / 温泉　場所　決める　希望 /
　　/ 大分　静岡　和歌山　どれ？/

Ⓐ 温泉旅行の場所は決まった？
Ⓑ まだ…（ビデオ通話の着信）待って、ビデオ通話に出てもいい？
Ⓐ いいよ、どうぞ。
　　（ビデオ通話中…）
Ⓑ すみません、終わりました。さっきの話何だっけ？
Ⓐ 温泉の話だよ。場所を決めたいんだ。大分、静岡、和歌山のどれがいい？

●趣味について会話をしましょう
●会話を中断したり再開したりするときの、伝え方のマナーを学びましょう

スピーチ　趣味はドライブ

これまで学んだことをろう者の手話スピーチで確認しましょう。

＊ ポイント ＊

❶ / 運転　（景色を）見る　気持ちいい /　/（爽快に走っている様子）/

運転

見る
（景色を見渡す）

気持ちいい

（爽快に走っている様子）

窓の風景が後ろに通りすぎて行く CL 表現です。

「過去の自分」にロールシフトする表現です。景色を見渡しながら運転することが心地良かった実際の体験を表します。

❷ / 気持ちが悪い　パー /

「パー」
ダメになったときなどに使う表現です。ここでは胸がムカムカとなって気持ちが悪くなった様子を表します。

1 手話との出会い　2 語彙を増やそう　3 文法を学ぼう　4 会話の力を高めよう

＊ ポイント ＊

❸／ハンドル　運転　持つ　（元気よく運転している様子）　pt1／

ハンドル	運転	持つ	（元気よく運転している様子）
ハンドルの形を表します。	運転している動きを表します。	「過去の自分」にロールシフトし、実際に体験した行動を表します。ハンドルを持ち、前をよく見て元気良く運転している様子を表します。	

❹／クラッチ（指文字）　クラッチを操作　pt3　難しい／

クラッチ操作	pt3	難しい

【日本語訳】

私はドライブが大好きです。

家族でドライブするときにはいつも私が運転します。

❶運転をしながら景色を見るのは気持ちがいいし、爽快感を味わえますね。

私は後部座席に座ると❷気持ちが悪くなってしまいます。

❸ハンドルを握ったら目も覚めて、元気よく運転します。

以前はバイクにも乗っていました。250ccだとパワー不足で、❹クラッチ操作も難しいです。いつもエンストをしていました。

中型免許は400ccまで乗れるので、次は400ccに乗りたいです。

やってみましょう

テーマ例

「今、熱中していること」
「挑戦してみたい趣味」

●話し合ってみましょう
・1人1〜2分くらいで話しましょう。
・学習した疑問詞を使って質問しましょう。
・感想を出し合いましょう。

●講師のスピーチを見ましょう

単語一覧

アイ・ドラゴン　予約　スキー　サーフィン
海外旅行　美術館　博物館　陶芸　ハイキング
繰り返し　指導　習得　決める　興味

ホームワーク

動画クラウドのホームワーク
に取り組み、理解度を確認し
ましょう

ろう者の生活⑤　通信について ● コラム

　かつてろう者は電話が利用できないので、手紙やハガキを出すか、会って話す方法をとっていました。きこえる家族に電話してもらった苦労もよく聞きます。1980年代にファックスが登場し、ろう者の家庭に急速に普及しました。さらに携帯電話が普及し、メール機能の利用で、家に居なくてもいつでもどこでも直接連絡しあえるようになりました。通信環境が改善され、スマートフォンの普及によりテレビ電話機能も使いやすくなりました。そして2020(令和2)年に制定された法律をもとに、2021(令和3)年7月から電話リレーサービス事業が公共インフラとして開始され、手話通訳・文字オペレータを介して聴覚障害者ときこえる人が相互に電話することができるようになりました。

縦書き帯:
1 手話との出会い
2 語彙を増やそう
3 文法を学ぼう
4 会話の力を高めよう

会話の力を高めよう③ [仕事]

学ぶこと　目上の人への配慮

目上の人と会話をするときの配慮や、場面に応じて単語の使い分け方も身につけます。
同じ会話の内容でも立場が違えばどこがどのように違うか、見比べてみましょう。

❶ 上司との会話

部下　／今日　研修会　本当　お疲れ様／
上司　／pt2　発表　準備　ご苦労／　／残業++　大丈夫？／
部下　／大丈夫　ありがとう／
　　　　／質問　かまわない？／　／次回　研修会　いつ　場所　分かる？／
上司　／11月　24　場所　今日　同じ／
部下　／分かる　ありがとう／

部下　今日の研修会は本当にお疲れさまでした。
上司　君も発表の準備ご苦労でした。残業が続いているが大丈夫か？
部下　大丈夫です！　ありがとうございます。
　　　聞きたいことがあるのですが、よろしいでしょうか？
　　　次回の研修会はいつ、どこでしょうか？
上司　11月24日。今日と同じ場所だ。
部下　分かりました。ありがとうございます。

＊ ポイント ＊

手話では、日本語の敬語のような語彙に違いはあまりなく、表情や表現のていねいさで敬意を表します。目上の人に対しては、上体も少しかがめたりリズムもややゆっくりと表します。

❷ 同僚との会話

上の「上司・部下」の会話を「同僚同士」に変えた会話です。

●仕事について会話をしましょう
●ろう者が働くときの課題について話し合いましょう
●目上の人と会話するときの配慮について学びましょう

スピーチ　介護の仕事

これまでに学んだことをろう者の手話スピーチで確認しましょう。

＊ ポイント ＊

❶ / ご飯　食べる　腕　pt3　痛い　無理　食事　助ける /

「今の自分」と「相手（利用者）」との体験です。
ご飯を食べている「相手（利用者）」の行動を表します。

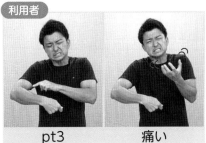

利用者

ご飯を食べる　　pt3　　痛い

痛がっている「相手（利用者）」の行動をロールシフトで表します。
腕が痛いことを示すために、pt3で腕をさします。

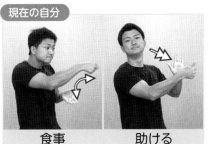

現在の自分

無理　　食事　　助ける

食事介助をしている「過去の自分」の行動を表します。
表現の動きの方向で、「私が」「相手を」助けていることを表します。

＊ ポイント ＊

❷ / 書く　ありがとう　もらう　読む　pt3　手話　ありがとう　覚える /
/ 分かる　覚える /

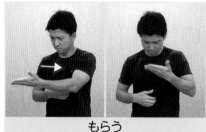

書く｜ありがとう｜もらう｜読む

相手が書いていることを、表します。

相手からメモをもらう表現です。

自分がメモを読んでいることを、表します。

pt3｜手話｜ありがとう｜覚える

自分の「ありがとう。覚えてください」という会話をロールシフトで表します。

分かる｜覚える

相手の「分かった。覚えるね」という会話をロールシフトで表します。

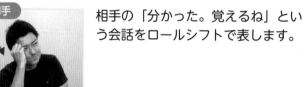

【日本語訳】

私は介護の仕事をしています。入浴介助やトイレ介助をしています。トイレなど自力で歩けない人をサポートします。
❶腕が痛いためご飯を一人で食べるのが困難な人をサポートする食事介助もあります。
午後、例えば折り紙で作品を作るとき、右手では折れるが左手では折れない利用者さんの左手の作業をサポートし、折り紙ができると私もうれしいです。
利用者さんと「おはよう」と手話であいさつを交わすこともあり、うれしいです。
❷ある時、利用者さんから渡されたメモに「ありがとう」と書いてあり、その手話を覚えたいと言うので「ありがとう」の手話を教えました。その後、利用者さんが「ありがとう。」と手話で伝えてくれたのでうれしかったです。

やってみましょう

テーマ例

「自分が経験した仕事について話しましょう」
パート・アルバイトなども含めて

● 話し合ってみましょう
　○相手の目を見て話しましょう。
　○共感したときのあいづちなど、話に反応をしましょう
　○その仕事をろう者と一緒にするとしたら、どのようなことが壁になる
　　でしょうか。
　○ろう者が一緒に働くためにどんな工夫ができるでしょうか。

● 講師のスピーチを見ましょう

単語一覧 ▶

研修	就職	採用	残業	給与	転職	面接	定年
報告	連絡	相談	工夫	解決	自信	成功	失敗
挑戦	約束						

ホームワーク ▶

動画クラウドのホームワークに取り組み、理解度を確認しましょう

ろう者が働く職場では ●　　　　　　　　　　　　コラム
（きこえない人のメンタルヘルス、ろうあ者相談員）
　日本の障害者就労支援は障害者雇用促進法が大きな役割を果たしています。法定雇用率が決められ、一定の規模以上の民間企業、また国・地方公共団体等において、求められる数の障害者雇用が義務となっています。ハローワークでの求職相談や職場定着指導等において手話通訳をする手話協力員制度が設けられています。また2016(平成28)年施行の障害者差別解消法・障害者雇用促進法改正により、就労における障害者差別が禁止され、障害をもつ従業員が求める配慮に応じなければならないとする合理的配慮が義務とされました。しかし職場での理解と情報・コミュニケーション保障はまだまだ十分ではありません。

第34講座 会話の力を高めよう④ [教育]

1 手話との出会い

2 語彙を増やそう

3 文法を学ぼう

4 会話の力を高めよう

学ぶこと 希望や提案の言い方

希望や提案を述べる言い方を身につけます。

場面「父親同士の会話」

Ⓐ /最近 pt1 悩み ある / /息子 反抗 大きい++/
/学校 pt3 悩み いろいろ ❶話す 希望 pt1/

Ⓑ /pt1 息子 同じ / / pt3 キャンプ 勧める /
/前 家族 キャンプ 行く とき 息子 いろいろ 話す++/
/❷キャンプ どう?/

Ⓐ /へぇ なるほど / / でも キャンプ 買う++ pt1 ない/
/ついで pt1 妻 虫 パー 苦手 pt3/
/でも 温泉 行く 泊まる 方法 ある(よね?)/

Ⓑ /(うなずき) pt3 良い OK /

Ⓐ 最近息子が反抗期で悩んでいて…もっと学校のこといろいろ❶話してほしいんだ。

Ⓑ 私の息子も同じだよ。そういうときはキャンプがいいよ。前に家族でキャンプに行ったんだけど、そのとき息子がいろいろ話してくれてね。❷キャンプはどう?

Ⓐ なるほど。でもキャンプ道具もないし、妻は虫が苦手でね…。温泉旅行に行くならいいかもしれない。

Ⓑ 良いと思うよ。

＊ ポイント ＊

❶ / 話す 希望 pt1 /

話す

希望　　　　pt1

自分の希望を述べるときの表現です。

❷ / キャンプ どう? /

キャンプ

どう?

自分の提案を述べるときの表現です。

●学校生活について会話をしましょう
●希望や提案の言い方を学びましょう

スピーチ　ろう学校の生活

これまでに学んだことをろう者の手話スピーチで確認しましょう。

✳ ポイント ✳

❶ / 横並びの席 ++　違う　半円形の席　見る++　スムーズ /

| 横並びの席 | 違う | 半円型の席 | 見る ++ |

見る ++ の下：生徒同士がお互いに見ている（見やすい）ことを表します。

❷ / ろう学校　pt3　ランプ　ある　pt3 /

| ろう学校 | pt3 | ランプ | ある | pt3 |

＊ ポイント ＊

❸／高等部　中学部　大きい　幼稚部　小学部　小さい
　　１人　１人　一緒／

高等部

中学部

大きい

「高等部」「中学部」「大きい」を上の空間で表します。

幼稚部

小学部

小さい

「幼稚部」「小学部」「小さい」を下の空間で表します。

１人

１人

一緒

「高等部・中学部」から１人、「幼稚部・小学部」から１人で、ペアになり一緒に競技をすることを表します。

【日本語訳】

ろう学校は生徒が少ないです。

❶教室の座席は横並びではなく、半円形でお互いが見やすいです。

運動会、文化祭、入学式、卒業式は、幼稚部から高等部まで合同で実施します。

❷ろう学校にはランプがあります。授業の開始と終了時に光ります。

その時は緑色に光ります。不審者が来た際や火事、避難が必要なときなどは赤色に光ります。

運動会のリレーは中学部、高等部と合同です。

他にも、❸高等部・中学部と、幼稚部・小学部から１人ずつ一緒に走る競技もあります。

ろう学校は生徒は少ないですが、みんなで一緒に楽しく遊べます。

やってみましょう

テーマ例

「学校生活や行事の思い出」

●講師の「学校生活の思い出」についての話を見ましょう

●話し合ってみましょう
　○自分の学校生活の思い出について話しましょう。
　○講師の経験と比べて気づいたことを話しましょう。
　○学習した疑問詞を使って質問しましょう。
　○感想を出し合いましょう。

単語一覧

反抗　悩み　虫　転校　同級生　多様性
放課後等デイサービス　フリースクール　定期券
単位　合格　免許証　調べる　守る　試験

ホームワーク

動画クラウドのホームワークに取り組み、理解度を確認しましょう

コラム

きこえない子どもたちの学ぶ場 〜地域の学校で〜

　聴覚に障害のある子どもたちが学んでいるのは、特別支援学校（ろう学校）だけではありません。多くの子どもたちが、地域の学校できこえる子どもたちと共に学んでいます。
　難聴学級や通級指導教室を設置している学校では、国語や算数（数学）は個別に指導を受けたり自分のきこえについて学んだりしています。きこえる子どもたちへの啓発も行っています。通常学級での日常的な支援は、最近では支援員の配置や音声認識ソフトを使った情報保障などの取り組みが行われるようになってきました。また聴覚障害児放課後等デイサービスの事業を行っている地域もあり、地域の学校で学ぶ子どもたちが手話やきこえない大人と関わる大切な機会となっています。

サイドタブ：
1 手話との出会い
2 語彙を増やそう
3 文法を学ぼう
4 会話の力を高めよう

会話の力を高めよう⑤ [健康]

学ぶこと　話の確認のしかた

自分の話が相手に伝わっているかどうかを確認する方法を身につけましょう。

場面「健康について質問する」

Ⓐ ／今日　講演　ありがとう／　／pt1　確認　希望　かまわない？／

Ⓑ ／かまわない／

Ⓐ ／ありがとう／　／今日　話　内　大事　3
　　❶pt3　食事　pt3　運動　pt3　健診　合う？／

Ⓑ ／合う／

Ⓐ ／もう一つ　質問　かまわない？／

Ⓑ ／かまわない／

Ⓐ ／食事　pt3　気をつける　例えば　何？／

Ⓑ ／❷朝食　必ず　食べる／

Ⓐ ／❷必要？　分かる／

Ⓑ ／主食　副食　バランス　必要／
　　／例えば　野菜　果物　魚　pt3　食べる++　良い／

Ⓐ ／分かる　ありがとう／

＊ ポイント ＊

❶相手に1つずつ確認しながら発言をしています。

❷お互いに相手と目を合わせて伝わっているかどうか確認しています。

Ⓐ 本日は講演ありがとうございました。確認しても良いでしょうか？

Ⓑ はい

Ⓐ 大事なポイントは①食事 ②運動 ③健診で合っていますか？

Ⓑ はい、合っていますよ

Ⓐ もう1つ質問よろしいでしょうか？

Ⓑ はい

Ⓐ 食事で気をつけることは何でしょうか？

Ⓑ 朝食は必ず食べることです。

Ⓐ 必要なんですね。

Ⓑ 主食と副菜のバランスをとること。
　野菜と果物に魚も組み合わせるといいですね。

Ⓐ 分かりました。ありがとうございました。

●健康について会話をしましょう
●自分の話が相手に伝わっているかどうか確認しましょう

スピーチ　健康診断のこと

これまでに学んだことをろう者の手話スピーチで確認しましょう。

＊ ポイント ＊

❶ /pt3　体　運動　食事　改善　必要　言う /

「過去の自分」と「看護師」との相談時の、「看護師」の会話を表します。

| pt3 | 体 | 運動 | 食事 | 改善 | 必要 | 言う |

pt3 は、「看護師」を
指しています。

表現の動きの方向で、「看護
師が」「私に」言ったという
ことを表します。

❷ / 毎日　朝　30 分間　pt1　ウォーキング ++ /

「過去の自分（3 か月前の自分）」が実際に体験した行動を表します。

| 毎日 | 朝 | 30 分間 | pt1 | ウォーキング ++ |

一生懸命ウォーキングを
していることを表します。

＊ ポイント ＊

❸ ／食事　揚げ物　我慢／　／野菜　中心　食べる＋＋／

食事　　　　揚げ物　　　　我慢

揚げ物をしっかり我慢している
ことを表します。

野菜　　　　中心　　　　食べる＋＋

野菜を中心にしっかり食べてい
ることを表します。

❹ ／３か月　結果　体重　75kg　やせる　成功／

３か月　　　　結果

体重　　　　　75　　　　　　kg　　　　やせる　　　　成功

【日本語訳】

私は毎年会社で健康診断を受けています。血液検査、尿検査、身長・体重測定、胸のレントゲンです。
今年の血液検査、尿検査の結果は問題なし。身長175cm、体重80kg、体重が5キロ増えていました。
看護師に相談したら、❶適度の運動と食事改善が必要だと言われました。
そこで、❷毎朝30分間ウォーキングをしています。
❸食事については揚げ物は減らし、野菜を多く摂ることにしました。
❹3か月後、体重を75kgに減らすことに成功しました。

1 手話との出会い
2 語彙を増やそう
3 文法を学ぼう
4 会話の力を高めよう

やってみましょう

テーマ例

「健康について日頃気をつけていること」
「健康診断で感じたこと」

●話し合ってみましょう
　○健康を維持するためにどんなことをしているか話しましょう。

●講師のスピーチを見ましょう

単語一覧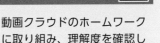

大切　ポイント　主食　副食　比べる　バランス　果物　血液
尿　身長　体重　測定　合う(適切)　改善　揚げる(天ぷら)
喫煙　睡眠　ダイエット　メタボリックシンドローム　血圧
運動　糖尿病　コロナウイルス　ワクチン

ホームワーク

動画クラウドのホームワーク
に取り組み、理解度を確認し
ましょう

ろう者の生活⑥　子育て ● ‥‥‥‥‥‥‥‥‥‥‥ コラム

　ろう夫婦はさまざまな工夫や努力をもって子育てをしています。以前は寝ている間は赤ちゃんの泣き声が聞こえないので、夫婦が時間を決めて交代で起きているとか、赤ちゃんと親を紐で結ぶなどの工夫をしていました。今は、日常生活用具給付事業において、赤ちゃんの泣き声を光と振動で知らせてくれる屋内信号装置を利用できるようになり子育ての役に立っています。子どもがことばを覚える頃になると、きこえない親ときこえる子どもの会話の方法もいろいろな工夫をします。保育所や学校に通う頃になると、保護者懇談や授業参観などは手話通訳派遣事業を利用して手話通訳者に来てもらうことができます。

会話の力を高めよう⑥ [行事]

学ぶこと　結論を述べてから理由を説明しましょう

まず結論を言ってから理由を説明すると分かりやすくなります。

場面「県ろうあ者大会の実行委員会①」

Ⓐ ／アトラクション　内容　何　良い　？／
Ⓑ ／❶有名　pt3　誰　呼ぶ　良い／　／人　集まる　スムーズ(でしょ?)／
Ⓐ ／(否定)／
　　／❷pt1　劇　良い／
　　／理由　ろう　協会　手話　サークル　一緒
　　　練習++　仲良し　できる　違う？／
Ⓑ ／なるほど／　／他　良い　方法　ある／　／記念講演　劇　両方　する　どう？／
Ⓐ ／良い　OK／

Ⓐ アトラクションは何がいいかな？
Ⓑ 有名な人を呼ぶのがいいんじゃない。人がたくさん集まるし。
Ⓐ どうかな。私は劇が良いと思う。ろう協会と手話サークルで一緒に練習したら仲も深まるんじゃない？
Ⓑ なるほど。いい方法があるよ。記念講演と劇を両方するのはどうだろう？
Ⓐ それ、いいね！決まりだね。

＊ ポイント ＊

❷

| pt1 | 劇 | 良い | 理由 | ろう協会 | 手話サークル | 一緒 |

自分の考え（結論部分）　　　　　　　　　　　理由を説明

❶も❷も自分の考え（結論部分）を先に述べてから、その理由を説明します。

1　手話との出会い
2　語彙を増やそう
3　文法を学ぼう
4　会話の力を高めよう

●手話に関わる行事や地域の行事について会話をしましょう
●これまで学んできた会話するときのポイントを活用して話しましょう
●まず結論を話してから理由を説明する話し方を学びましょう

スピーチ　県ろうあ者大会実行委員会

これまでに学んだことをろう者の手話スピーチで確認しましょう。

＊ ポイント ＊

❶ /ろう　協会　8人　手話　サークル　5人/

| ろう | 協会 | 8人 | 手話 | サークル | 5人 |

●同時表現
　ろうあ協会「8人」と左の位置で表現し、そのまま右手で「手話サークル5人」と表します。

❷ /記念　講演　有名　pt3　依頼/　/人　たくさん　集まる/

| 記念 | 講演 | 有名 | pt3 | 依頼 |

pt3 は依頼した講師を指し、表現の動きの方向で、「講師に」依頼したことを表します。

| 人 | 人がホールの会場にたくさん来ていることを表します。

＊ ポイント ＊

❸ / アトラクション　劇　pt3　良い＋＋　言われる＋＋ /

| アトラクション | 劇 | 良い＋＋ | （複数人から言われる） | |

「自分以外の参加者」の「良かった」という会話を表現し、複数人から言われたことを表します。

❹ / 服　どう？　意見　食い違い＋＋　照明　操作　いろいろ　苦しい　大変 /

| 服 | どう？ | 意見 | 食い違い |

「劇の担当者たち」が、衣装について会話をし、意見が食い違っていることを表します。

| 照明 | 操作 | いろいろ | 苦しい | 大変 |

「劇の担当者たち」が、照明操作に苦戦して大変だったことを表します。

【日本語訳】

県ろうあ者大会が成功して安堵しています。

６か月前から連日準備をしてきました。成功できたのは、実行委員のみなさんが頑張ったからです。実行委員は 13 人います。

❶ろうあ協会が８人、手話サークルが５人です。

❷記念講演では有名な講師を呼び、参加者もたくさん集まりました。

❸アトラクションの劇も好評でした。劇は、ろう協会と手話サークルで合同練習を重ね、

❹衣装について意見がなかなか合わなかったり、照明の操作などにも苦戦しましたが、助け合って進めました。（当日は）楽しく盛り上がりました。

やってみましょう

テーマ例

「紹介したい、地域の祭りや自慢」
「手話に関わる行事に参加して」

●話し合ってみましょう
　○なぜ紹介したいのか、理由を話しましょう。
　○話を見て良いと思ったことを、理由を含めて話しましょう。

●講師のスピーチを見ましょう

単語一覧

アトラクション　実行委員会　有名　反対　賛成
なるほど　討論　評判　もてる　花見　入学式
スピーチ　正月　お年玉　年賀状　ひな祭り　卒業式
梅雨　七夕　お盆　キャンプ　紅葉　桜　クリスマス

ホームワーク

動画クラウドのホームワークに取り組み、理解度を確認しましょう

各国の手話と国際手話　● ━━　コラム

　「手話は世界共通ですか?」と聞かれることがあります。答えは「いいえ」です。日本には日本の手話、アメリカにはアメリカの手話と、それぞれの国にそれぞれの手話があります。異なる国のろう者同士が会ったときに見られるコミュニケーションは、お互いに相手の手話を覚えて使ったりします。もう一つは「国際手話」です。国際手話は、身振りや手話を使ったり、自分または相手の手話をもとに新しく手話を作ったりして表出され、いろいろな国の人にとって分かりやすい表現となっています。
　デフリンピックや世界ろう者会議などの国際的な大会・行事では、国際手話が公用語として使われます。

(参考：中山慎一郎「国際手話とは」『手話・言語・コミュニケーション』No.1
東京都「話そう！手のことば　世界をつなぐ手話」
https://www.fukushihoken.metro.tokyo.lg.jp/shougai/koho/
sekaiwotunagusyuwa.files/gaikokunosyuwa.pdf)

スピーチ　動画を見て分かったことを他の人に伝えましょう

「いつ、どこで、誰が、どんなことが起きたのか」など
分かったことを動画に出てきた表現を生かして伝えましょう。

【日本語訳】

1995年、平成7年1月17日の朝5時46分、すさまじい揺れの阪神淡路大震災が起こりました。私の家も倒壊しました。他のろう者の家もいくつも潰れたり、壊れたり、半壊したりいろいろ被害が起こり苦しいときが続きました。

私はろう者の役員の代表です。支援が必要なろう者の家を何軒も何軒も訪問して支援をしていきました。

その中で避難所でのことです。例えば、拡声器での案内や放送があってもろう者は聞こえません。情報が全くありません。なかなか情報を得ることができないのです。放送は「おにぎりを配布します」といった内容です。ろう者にはきこえませんよね。きこえる人は放送を聞いて列にさっと並んでいます。ろう者はその列を見て、「あの列は何？」と思い、並んでいる列の1番前に行って見て初めて「あ！おにぎりをもらってるのか！なるほど！」と分かり、列の最後尾につきます。順番を待って並んでも、自分の番の前におにぎりは無くなってしまいます。ろう者は3日間おにぎりを食べられませんでした。くやしい想いをした方の多くはろう高齢者でした。

地震

●話を見て分かったことを他の人に伝えてみましょう
●災害についてのろう者の話を聞き、思ったことを話し合いましょう

やってみましょう

●グループに分かれ、以下のことについて話しましょう

①災害の経験や災害の話を見聞きしたことを話しましょう。
②災害のとき、ろう者が困ることはどんなことがあるでしょうか？
③それに対してどんな配慮が考えられるでしょうか。

津波

火事

大雨・台風

単語一覧

地震　起こる　代表　避難所　きこえない　情報
なかなか　配布　高齢　津波　台風　大雨　火事　火山噴火
ハザードマップ　懐中電灯　避難訓練　ガス　水道

ホームワーク

動画の続きを見ましょう。どんな内容を話していますか？

ろう者の生活⑦　災害時の地域とのかかわり ● ･･･････････････ コラム

　2011（平成23）年3月11日に、東日本大震災が発生しました。このとき、全日本ろうあ連盟は救援中央本部を設置しさまざまな救援を行いました。その後「聴覚障害者災害救援中央本部」として、全国で発生した自然災害時に支援を行っています。気象庁の緊急記者会見では担当者がマスクではなく口元が見える透明マスクをつけて話し、さらに手話通訳がつくなど、聴覚障害者への情報保障が広まってきました。また、災害が発生したとき、地域の人々と普段から交流があったことから、避難するよう伝えられるなどの事例が報告されています。身近に暮らす地域の人たちの支え合いが欠かせません。町内などでの交流、ろう者に対する理解を、どのように広めていくのかが大切です。

1 手話との出会い
2 語彙を増やそう
3 文法を学ぼう
4 会話の力を高めよう

会話の力を高めよう⑧
[ニュース]

1 話の内容を手話で表しましょう

イラストをヒントにして空間を生かした表現を考えましょう。

ジャイアントパンダの名前決定！
東京の動物園

6月23日
誕生！

オス

メス

シャオシャオ（暁暁）

夜明けの光がさして
明るくなっていく

レイレイ（蕾蕾）

蕾（つぼみ）から美しい花が咲いて
未来へとつながっていく

・空間を活用して伝えましょう
・見て分かりやすい表現を工夫しましょう

> 東京の動物園では、2022年6月23日に生まれたオスとメスの双子のジャイアントパンダの名前が決まりました。オスの名前は「シャオシャオ（暁暁）」です。メスの名前は「レイレイ（蕾蕾）」です。オスの『シャオシャオ』は、夜明けの光がさして明るくなっていくということを表します。メスの『レイレイ』は、蕾（つぼみ）から美しい花が咲いて未来へとつながっていくということを表します。

●日本語の文章の内容を手話で分かりやすく伝えましょう
●ニュースなどで知ったことを手話で分かりやすく伝えましょう

2 手話で表しましょう

これまでの講座で学んだことを活用して表現しましょう。

あなたは便秘で困っていませんか？

便秘を解消するには、❶水分をたくさんとることです。

❷野菜をたくさん食べて体を動かすこと。

また、❸おへそのまわりを「の」の字を書くようにマッサージすると、

便が出やすくなります。

毎日、決まった時間に❹トイレに座る習慣を身につけることも便秘解消

のためには大切です。

やってみましょう

●最近のニュースについて話しましょう

単語一覧

パンダ　動物　双子　蕾　便秘　解消　便　下痢　習慣
身につける　社会　政治　LGBTQ　環境　経済　景気
消費税　法律　世界

ホームワーク

ろう者の表現例を見ましょう。

総合練習
手話スピーチをしましょう

手話でスピーチをしましょう

❶ スピーチの準備をしましょう

下記を参考にテーマを決めて、手話でスピーチをしましょう。
スピーチの時間は3分程度とします。

①テーマを決めましょう。
②話の組み立てを考えてみましょう。

例) テーマ「手話」
[内容]
①手話を学ぶきっかけは？
②手話の魅力は？
③手話をどのように生かしたい？

例) テーマ「趣味」
[内容]
①趣味は何？
②始めたきっかけは？
③いつどこでする？
④楽しいことは何？

❷ 練習をしましょう

手話でどのように表現するか考えましょう。

見ている人に
伝える気持ちが
大切です

* ポイント *

①話す内容を箇条書きにしましょう。
②「いつ」「どこで」「だれと」「どんなことをしたのか」具体的に入れるようにしましょう。
③今まで学習したことを活用して、手話の組み立てを考えましょう。
　（視線・顔の表情・指さし・うなずき・CL・ロールシフトなど）
④文と文の区切りを明確にして話しましょう。

ペアで練習をしましょう。

①相手の目を見て話しましょう。
②スピーチの動画を撮って、お互いに確認しましょう。

●テーマを決めてスピーチをしましょう
●ろう者とディスカッションをしましょう

---

③ 発表しましょう

```
評価のポイント
```
☐見ている人たちに視線を合わせて話ができましたか？
☐一つ一つの手話をはっきりと表現できましたか。
☐今まで学習した手話の文法等を活用できましたか？
　（視線・顔の表情・指さし・うなずき・CL・ロールシフトなど）

地域のろう者を招いてディスカッションをしましょう

・グループに１名ずつ、ゲストのろう者が入ります。
・テーマに沿って話してもらいましょう。
・話について質問したり感想を伝えたりしましょう。
・20分位で、ろう者が交替します。

ホームワーク ▶

動画クラウドに、ろう者の手話スピーチがいくつかあります。参考にしましょう。

1 手話との出会い
2 語彙を増やそう
3 文法を学ぼう
4 会話の力を高めよう

全国手話通訳問題研究会（全通研）と日本手話通訳士協会（士協会）

コラム

全国手話通訳問題研究会は手話に関わる人々の全国組織として 1974（昭和 49）年に設立されました。手話・手話通訳、聴覚障害者問題についての学習・研究活動を行い、全日本ろうあ連盟と連帯し、聴覚障害者福祉と手話通訳者の社会的地位の向上をめざすことを目的とし、47 都道府県に支部があります。全日本ろうあ連盟と共催で 8 月に全国手話通訳問題研究集会サマーフォーラムを開催しています。

日本手話通訳士協会は、手話通訳士の資格を持つ専門職の職能集団として 1991（平成 3）年に設立されました。手話通訳士の資質および専門的技術の向上のための研修等を行い、手話通訳制度の発展に寄与することを目的としています。

手話通訳者の健康 ～頸肩腕症候群（けいけんわんしょうこうぐん）～

コラム

手話通訳者は、ろう者ときこえる人の間に立って、日本語と手話言語の通訳、必要な情報提供や関係調整などを行うため、精神的、身体的にストレスがかかります。長時間の手話通訳は肩や首、腕の筋肉に疲労がたまり、慢性的なだるさとなります。さらに自律神経症状やうつ症状が出てくると、手話通訳を休むことが必要となります。

このため手話通訳をするときは、15 分～ 20 分で交代することが基本になっています。手話通訳者が日頃から健康管理に努め、頸肩腕症候群の予防のために定期的に検診を受け、ストレッチを習慣にすることが奨励されています。より良い通訳のための健康管理について周囲の理解が大切です。

『手話通訳者の頸肩腕障害』その 1.「頸肩腕障害とは」
https://www.youtube.com/watch?v=BihSy9DeMyQ
（社会福祉法人全国手話研修センター　手話言語研究所 YouTube チャンネル）

盲ろう者のこと

コラム

視覚、聴覚の両方に障害のある盲ろう者のために、盲ろう者向け通訳・介助員養成、派遣事業が実施されています。見え方や聞こえ方は一人ひとり違い、コミュニケーション方法もさまざまです。初めはろうで、手話を使ってコミュニケーションしていた人が、見えにくくなった盲ろう者のコミュニケーション方法として、相手の手を軽く触り手話の動きを読み取ってもらう方法で話をする「触手話」があります。また、相手の見え方に合わせて、近くで手話を表現する「弱視手話（接近手話）」があります。いずれもゆっくりはっきりと手話表現する心がけが大切です。

手話奉仕員養成テキスト

手話を学ぼう 手話で話そう

編集委員会

渡辺正夫（委員長）・赤堀仁美・大杉豊・小中栄一・武居渡・中橋道紀・渡部芳博

実　技

手話奉仕員養成テキスト編集作業部会

　　小中栄一（委員長）・石川ありす・重田千輝・杉下多恵子・髙井惠美

　　塚原辰彦・土橋里美・野口岳史・藤田由紀子・松倉義弘

モデル

今本由紀・岩本重雄・川俣郁美・酒井郁・重田千輝・武富涼子・竹村祐樹・
塚原辰彦・松橋早友梨・水本博司

手話奉仕員養成テキスト　手話を学ぼう　手話で話そう

3,300 円（税込）

2023(令和 5)年 7 月 1 日　初版発行

発　行／ⓒ 社会福祉法人 全国手話研修センター

　　　　〒 616-8372　京都市右京区嵯峨天龍寺広道町 3-4

　　　　電話 (075)873-2646　FAX (075)873-2647

発　売／一般財団法人 全日本ろうあ連盟

　　　　〒 162-0801　東京都新宿区山吹町 130　SK ビル 8 階

　　　　電話 (03)3268-8847　FAX (03)3267-3445

表紙デザイン／徳江真史

本文デザイン・印刷・製本／日本印刷株式会社

　　　　〒 170-0013　東京都豊島区東池袋 4-41-24　東池袋センタービル

　　　　電話 (03)5911-8660　FAX (03)3971-1216

ISBN978-4-902158-56-4　C0037　¥3000E

資料　数の手話

資料　たずねるときの手話

何

どこ
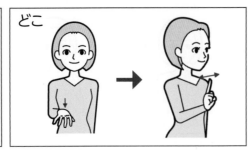

どうやって

誰

なぜ

いつ（何月何日）
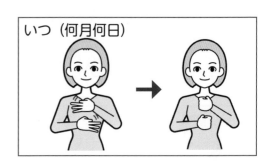

どちら

何時

いくつ
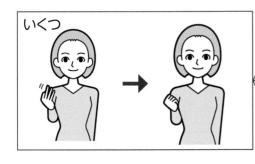

いくら
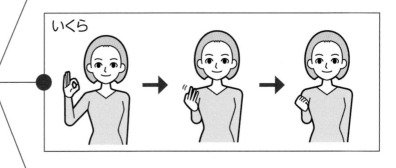

何歳
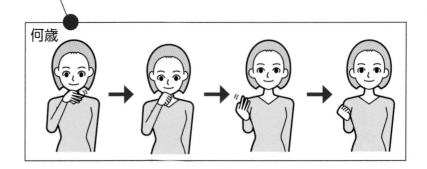